感動を与える演技論

心を揺さぶる感性の探究

小田正鏡
Shokyo Oda

はじめに

ＨＳＵから〝救国の英雄〟を輩出したい

ハッピー・サイエンス・ユニバーシティ（以下、ＨＳＵ）は、幸福の科学が運営する高等宗教研究機関です。２０１６年４月より、新しく未来創造学部が開設されることになりました。未来創造学部には、「芸能・クリエーター部門専攻コース」とともに、「政治・ジャーナリズム専攻コース」が開設される予定です。

私が担当する芸能・クリエーター部門専攻コースは、俳優・タレントなどのスターや、監督・脚本家などのクリエーターの輩出を目指しています。本書は、おもに俳優・タレントなどのスターを目指す人を対象として、「演技」について語っていますが、演技とは〝人の心をつかみ感動を与えるスキル〟でもあります。そう考えると、監督・脚本家はもちろんのこと、ひいてはジャーナリストや政治家を目指す学生たちにとっても、重要な内容であるといえるでしょう。

ここで、なぜ未来創造学部に「芸能」と「政治」という異なる分野が同居しているのかについて、少しだけ触れておきましょう。芸能と政治はまったく異なる分野に見えて、実は似通っている点が数多くあるのです。

例えば政治においては、古くはソクラテスやプラトンが活躍した古代ギリシャ時代に、演説や弁論の技術を研究する修辞学という学問の起源を見ることができます。その後修辞学は、発声法や身ぶりを含む言語表現の研究を行う学問として、ローマ時代に大きく発展しました。現代においても、特にアメリカの政治家は、人の心をつかむ演説力を身に付けるために、専門的な訓練を受けることが多いようです。

逆に俳優・タレントにも、政治家的な要素があるといえるでしょう。人気が出てくると、ＴＶなどのメディアを通して、大きな影響力を発揮できる存在になるからです。人気が高まれば高まるほど、その一挙手一投足に注目が集まり、ＴＶ

番組やブログなどで発信したオピニオンが、ニュースとして大きく取り上げられます。映画やＴＶドラマなどが大ヒットすることによって、世論に影響を与えることもあるでしょう。

つまり、特に現代のようなマスコミ型民主主義社会においては、マクロ的な影響力を発揮することのできる俳優・タレントなどのスターは、政治家と同様に時代を牽引するリーダーであり、現代におけるひとつの英雄の姿でもあると考えられるのです。

私たちは、新しい時代を切り拓く〝救国の英雄〟こそ、未来創造学部から輩出されるべきスターであり、日本にとって必要な人材であると考えています。

私のプロフィール ～俳優、演出家、そして宗教の世界へ

ここで、簡単に自己紹介をさせていただきましょう。

私は、もともと小さい頃から音楽やＴＶドラマが好きだったのですが、高校に入ってからは特に映画に強い関心をもつようになり、洋画・邦画を問わず数多くの映画を観るようになりました。そして、「映画監督（演出家）になりたい」という夢をもつようになりました。

高校の卒業が近くなってもその思いを抑えることができず、日本大学芸術学部映画学科に進学。初めは演出家になろうと思っていたものの、演技の授業が面白くなって、演技の稽古に一心に打ち込むことになります。

そして、大学４年生のときに受けた劇団「文学座」の入所試験に合格し、文学座附属演劇研究所に入ることになりました。俳優を目指す若者としてはそれなりに順調なスタートといえるでしょう。文学座では本公演にも出演するようになり、芝居の道をまっしぐらに歩んでいたのですが、３年目に入ると、「やはり自分の進むべき道は演出家なのではないか」という思いが日に日に強くなっていったのです。

これ以上続けられないと思った私は、俳優を辞めることを決意し、本来志していた演出家への道を目指すことにしました。演技について勉強をしたことは、演出家になってからも大変役に立ちました。スタニスラフスキーをはじめとする昔の舞台演出家には、俳優出身者が多かったことも頷《うなず》けます。

映像制作会社に就職し、いくつかのTV番組を手掛けましたが、1981年にスタートしたTV番組「ベストヒットUSA」は、ご存じの方もいらっしゃるかもしれません。当時はテレビ朝日で放送されていましたが、現在はBS朝日で放送が続けられている、アメリカのヒットチャートを日本に紹介する番組です。1984年に発表されたマドンナの楽曲「ライク・ア・ヴァージン」が世界中で大ヒットした時期に、マドンナ本人が本番組に出演してくれたことを懐かしく思い出します。

その後、独立して映像制作会社を立ち上げ、THE ALFEEのライブビデオや、光GENJI、中山美穂のプロモーションビデオ（PV）など、音楽関連の映像制作ディレクターを数多く務めました。まだあまりPVが制作されていなかった時代、その黎明期にＰＶ制作の仕事ができたことは、とてもエキサイティングな経験でした。

このような演出家の仕事を続けて約12年が経った頃、人生最大の転機が訪れました。幸福の科学の仏法真理に出合ったのです。そのときの喜びは今でも忘れることができません。その後、１９９０年に幸福の科学に奉職し、それから25年、おもに幸福の科学グループのメディア文化事業、芸術部門の責任者を務めてきました。

２００８年にスタートしたスター養成スクールを担当、２０１１年には芸能プロダクションとしてニュースター・プロダクション（ＮＳＰ）株式会社を立ち上げて、宗教的価値観をもつ次世代のスター輩出に尽力してきました。現在、ＮＳＰでは、２０１６年春公開の映画「天使に〝アイム・ファイン〟」の製作を行っています。

そして、映画公開と同時期の２０１６年４月にスタートする予定のＨＳＵ未来創造学部「芸能・クリエーター部門専攻コース」開設に向けても、その準備を急ピッチで進めているところです。

ハリウッドを超える新しいモデルを発信する

本書では、ＨＳＵ創立者の大川隆法総裁が説かれる仏法真理を中心として、芸能関係者の霊言などを含むさまざまな発言を紹介し、俳優・タレントの使命や心構えをはじめ、感動を与える演技力の秘密などについてまとめています。未来のスターを目指す若者たちが、その入り口に立てるような内容を目指しました。ＨＳＵが考えるスターとはどのような存在なのかが、おおよそご理解いただけると思います。

２０１４年初旬、『堺雅人の守護霊が語る　誰も知らない「人気絶頂男の秘密」』を皮切りに、数多くの芸能関係者の霊言が発刊されました。大川総裁は、あの世の証明として数多くの霊言を出されていますが、ついに霊言が本格的に芸能の分野にも及んだのです。あの世の霊人からいただく智慧をもとに、人々を魅了する〝スター性〟の探究が始まりました。

霊言を学ぶ意義については、HSUの金子一之プロフェッサーの著書『「自分の時代」を生きる』最終章に譲りますが、これらの霊言は私たちにとって未来への指針になっていくはずです。霊言には人々に感動を与える秘訣やその神髄が、シンプルかつ分かりやすくちりばめられています。未来のスターを目指す者の目には、ダイヤモンドの如《ごと》き煌《きら》めきとして映ることでしょう。

HSU未来創造学部では、文化（芸能）と政治の両面から、「真・善・美」を兼ね備えたマクロ的影響力をもつ人材を輩出していきたいと考えています。そして、芸能・クリエーター部門専攻コースでは、学生たちとともにハリウッドを超える日本オリジナルの新しい文化（芸能）のモデルを探究し世界に発信していきたい。それによって、希望溢《あふ》れる未来を創ろうとしているのです。

今、本書をお読みになっているあなたも、光を宿す前の未来のスターかもしれません。「スターとして生きる」という光の使命を感じるのなら、勇気ある一歩を踏み出していただきたいと強く願っています。

来年、皆さんと授業でお会いできることを楽しみにしています。

２０１５年９月27日

幸福の科学専務理事（メディア文化事業局担当）兼
ニュースター・プロダクション株式会社代表取締役 兼
ハッピー・サイエンス・ユニバーシティ ビジティング・プロフェッサー

小田正鏡

目次

目次

第2章 プロフェッショナルの心構え　75

第3章 演技力向上法　127

※文中、特に著者名を明記していない書籍については、原則、大川隆法著です。

霊言《れいげん》とは?

「霊言《れいげん》」とは、あの世の霊を招き、その思いや言葉を語り下ろす神秘現象のことです。これは高度な悟《さと》りを開いている人にのみ可能なものであり、トランス状態になって意識を失い、霊が一方的にしゃべる「霊媒《れいばい》現象」とは異なります。

守護霊《しゅごれい》霊言とは?

人間の本質は「霊」(「心」「魂《たましい》」と言ってもよい)であり、原則として6人で1つの魂グループをつくっています。それを、幸福の科学では「魂のきょうだい」と呼んでいます。

魂のきょうだいは順番に地上に生まれ変わってきますが、そのとき、あの世に残っている魂のきょうだいの一人が「守護霊」を務めます。つまり、守護霊とは自分自身の魂の一部であり、いわゆる「潜在《せんざい》意識」と呼ばれている存在です。

その意味で、「守護霊の霊言」とは本人の潜在意識にアクセスしたものと言えます。本人の地上での経験等の影響により、本人と守護霊の意見が異《こと》なるように見える場合もありますが、その人が心の奥底で考えている「本心」と考えることができるのです。

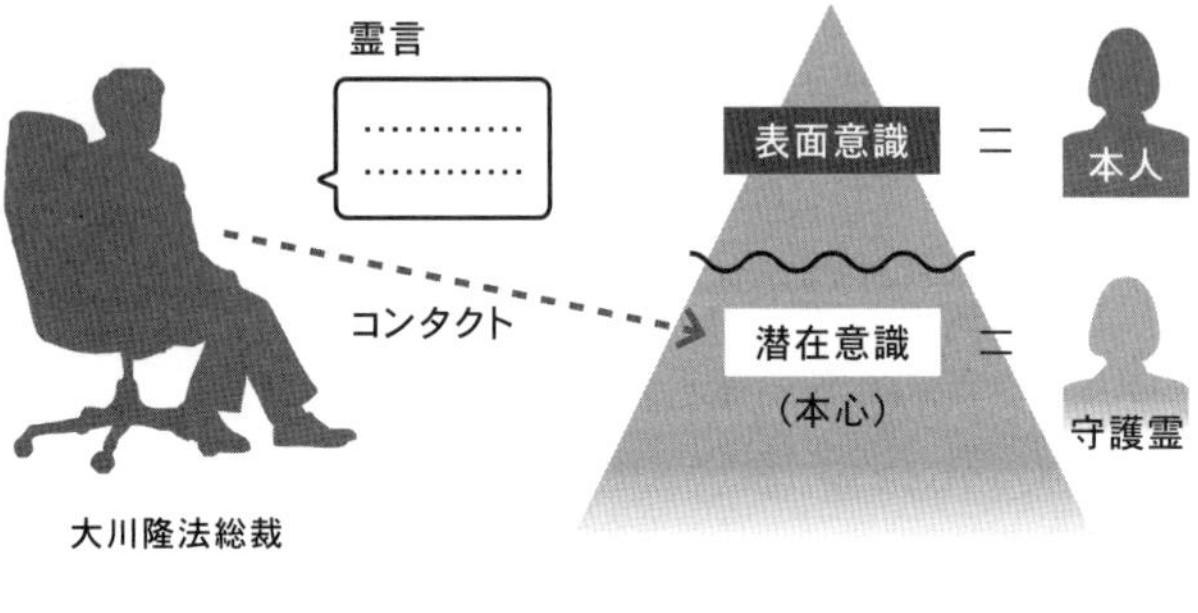

*なお、「霊言」は、あくまでも霊人の意見であり、幸福の科学グループの見解と矛盾《むじゅん》する内容を含む場合があります。

第1章
俳優・タレントの使命とは

1. 神仏の代役として、「美」や「潤い」を与える

「美」や「感性」の探究

はじめに２０１６年４月から始まるＨＳＵ未来創造学部「芸能・クリエーター部門専攻コース」について、その開設の目的を簡単にご紹介しましょう。ＨＳＵ創立者である大川総裁は２０１５年の入学式において、以下のように述べています。

来年開設する未来創造学部では、「政治・ジャーナリズム専攻コース」や「芸能・クリエーター部門専攻コース」もつくる予定になっています。早くも学部拡張の予定が立っており、「美」の部分も、そのなかに入ると考えています。

このなかに、やはり、「多くの人々を惹きつけてやまない感性的なるものは何であるか」という研究にも、入っていく必要があるのではないかと思います。もち

ろん、政治・ジャーナリズム専攻コースでは、「善」や「真理」の部分の探究もあると思いますが、芸能・クリエーター部門専攻コースでは、「美」の探究、あるいは感性的な部分の探究もあると思います。

（2015年4月4日法話「ニュー・フロンティアを目指して」）

本コースは、人の心をつかむ感性的な部分の探究を通して、マクロ的影響力をもつ徳ある人材を輩出し、文化（芸能）の「新しいモデル」を創造することを使命としています。

具体的には、幸福の科学の仏法真理をベースに、演技や演出の理論・歴史、作品研究などを学び、映像制作、脚本執筆、演技実習を行い、俳優・タレントなどのスターや、監督・脚本家などのクリエーターを養成します。

本書ではおもに、俳優・タレントなどのスターを目指す人を対象に、「演技」を中心テーマとして取り扱います。本章では、演技を学ぶ前に知っておくべき俳優・

タレントの使命について、学んでいきたいと思います。

芸能のルーツは神事にある

芸能のルーツを見ていきたいと思います。

芸能のはじまりとして、太古の昔から存在したとされているのが音楽です。そして、その起源は「まつり」や宗教的儀式の中にあるといわれています。神仏を賛美し神仏と交流するための手段として、雅楽や民族音楽が欠かせないものだったのです。これは世界中のあらゆる民族や文化において共通しています。

例えば日本の芸能の起源は、神へ奉納する歌舞「神楽《かぐら》」にあるといわれています。古代日本では、招魂《しょうこん》や鎮魂のおりに神楽があったと考えられており、『古事記』や『日本書紀』に書かれている、天の岩屋戸における天宇受売命《あめのうずめのみこと》が演じた神懸《が》り《か》の俳優《わざおぎ》がその由来であるといわれています。このように、まつりや儀式で神仏に捧げられた音楽や舞踏こそが芸能の出発点なのです。

伊勢神宮でも「奉納の舞」をしているし、ええ、まあ、ほかのところでも、いろいろやっていますから。インドでも確かに「踊り」を踊っていて、あれが、「ボリウッド」のもとにはなっているのでしょう。たぶん、「仏教音楽」もあれば、「舞」もあるわけですし、ジャイナ教やヒンズー教等でも同じです。御神事のときには必ずあるものなのです。

（『魅せる技術』147ページ）

当時、ヘルメスは法を説くために、エーゲ海の島々やギリシャ本土を回り、現代における講演会のようなものを行なっていました。その際に、ヘルメスの前座を務めていたのがアフロディーテでした。講演の前座としてアフロディーテが何をしたかというと、真理の説法をしたのではありません。彼女はいつも、真理を

内容にした歌を歌っていたのです。

彼女は毎回、約一時間、美しい歌を人びとの前で歌いました。その歌は、幾転生を経てきた人類の歴史、過去の文明の興亡、真理や芸術などについて、いわゆる言魂でつづられている詩を、曲に乗せたものでした。

（『愛から祈りへ』185・186ページ）

現在の芸能の中心にある演劇も、宗教とともに歩んできた歴史でした。演劇の起源は諸説ありますが、すでに古代ギリシャ時代にはギリシャ神話を題材とした悲劇が上演されていました。この流れを汲んだ古代ローマ時代には、娯楽性の高い劇が栄えるようになり、ローマ帝国には多数の劇場が建築されます。

世界的に活躍している演出家の鈴木忠志も、演劇のルーツについて次のように語っています。

「ギリシャ悲劇について言いますと、ギリシャ悲劇の演技というものは、発生時においては、観客に見せるものではなく神に見せるものだった。これは発生時の能と同じで、神を慰めるための『法楽』です。演技は、共同体の宗教的で呪術的な儀式のために存在していました」(1)

さらに時代が下ると、キリスト教の布教において、聖書の内容を解説するための演劇が行われるようになります。民衆に受け入れられた演劇は、ウィリアム・シェークスピア（1564-1616）を筆頭とするルネッサンス期以降の劇作家たちによって興隆期を迎えました。

愛の体現者として生きる

芸能のルーツをたどっていくならば、本来の俳優・タレントの生き方の根本には、宗教家と同じ役割があるといえます。それは信仰心をもち、神仏へ感謝を捧げて生きるということです。

★★★★★★★★★★

大いなる光の旅路としての自己実現とは、いったい何でしょうか。それは、仏の手足としての自分、その実現です。あるいは、仏の御心に奉仕するための自分、その実現です。こういう気持ちを決して決して忘れてはならないのです。

（『幸福の原点』１０３ページ）

★★★★★★★★★★

俳優・タレントにとって、自分の個性を輝かせることは大切です。しかし、そのルーツから考えれば、本来、演技というものは、「自分が演じたいから」「有名になりたいから」といった自我の拡張とは一線を画するものといえるでしょう。

19世紀に活躍した思想家で小説家、劇作家のレフ・トルストイ（１８２８‐１９１０）は、その著書の中で、神仏を中心とした価値秩序が失われたために、貧弱で表層的な芸術しか生み出されなくなったことを嘆き、「宗教的世界観・人生観をすこしも持たなくなると、したがってなにがよい芸術でなにが悪い芸術かを評価する標準として、自分たちの快楽よりほか、なにも持つことができなくなってしまった」(2)と述べています。

このように、芸術における宗教的価値観の欠如がいかに創造性に悪影響を与えるかということは、すでに19世紀から警告されています。私たちは、正しい宗教的価値観に基づいた真なる創作活動を、取り戻さなければならないと考えているのです。

それでは、宗教的価値観を伴った自己実現とは、どのような生き方なのでしょうか。

仏は人類を広大無辺な愛で包んでいます。この広大無辺な愛は、愛してほしいと思って愛される、そうした愛ではありません。与えたり与えられたりするような愛ではなく、与えきりの愛です。（中略）

みなさんは、この仏の愛に気がつき、仏に愛されているという気持ちを、どこかに返していかねばならないのではないでしょうか。（中略）

★★★★★★★★★★★

みなさんは仏の愛を受けている以上、その愛を世の人々に還元していかねばなりません。世の中に流していかねばなりません。上流から受けた愛を下流へと流していくのが、みなさんの義務だと言えるでしょう。

（『永遠の法』192-195ページ）

★★★★★★★★★★★

大川総裁は、神仏がいかに深く人類を愛しているかを教えてくださっています。俳優・タレントとしての真の自己実現とは、神仏の愛を芸能という表現形式を通して世に広めていくところにあります。自らのためにその才能を使うのではなく、神仏の愛の体現者となってその才能を使い芸を捧げる姿こそ本来あるべき姿といえるでしょう。

神仏の代役としての使命

２０１３年にはＣＭ女王となり、映画「るろうに剣心」シリーズ（２０１２～２０１４）をはじめ数多くの映画やＴＶドラマに出演している女優・武井咲の守護霊は、霊言で俳優・タレントの役割について次のように語っています。

タレントとか、スターとかいわれる者は、私も含めて多くの人から愛されていると思うんですよね。だけど、多くの人から愛されているからこそ、多くの人を愛さなければいけないし、多くの人を愛しているからこそ、多くの人に愛されているんだと思うんですよね。

この意味では、神様の原理とほとんど一緒だと思うんです。神様は多くの人を愛しておられるから、多くの人も神様を信じて、神様を愛しておられるんだと思うんですね。そういう意味で、神様の原理とほとんど一緒だと思うので。

今、民主主義の世界で身分制もなく、誰もが平等でチャンスがあって、その差が開かない、格差のない世界を目指している傾向が強い世の中だと思うんですけれども、その

★★★★★★★★★

なかにあって、一流のスポーツ選手もそうかもしれませんけれども、そうしたタレント、女優、俳優のなかに、「神様の代役」風にみんなが崇める存在が出現できる場なんですよ。数少ない場の一つではあるんです。

※武井咲守護霊 （『時間よ、止まれ。』123・124ページ）

★★★★★★★★★

俳優・タレントには神仏の代役としての使命があるといえます。つまり、神仏の愛の体現者となって人々を愛するからこそ、多くの人気を得ることができるのです。

多くの人々が魅了された世界的女優に、「世界の恋人」「永遠の妖精」とも称されたオードリー・ヘップバーン（1929‐1993）がいます。私は彼女の魅力の最も大きなものとして、その人生が愛に満ちていたということが挙げられると思うのです。

大川総裁は、「魅力」について以下のように述べています。

魅力とは、誰から説明をうけるともなく知られていくという特徴を持っている。甘い蜜を持ち、甘い香りを放ち、多くの者たちを呼びよせる。それは決して、単なる飾りではない。そのなかに、満ち溢れるような愛があってこそ、本物の魅力となるのだ。

（『無我なる愛』34 - 36ページ）

オードリー・ヘップバーンの愛の一端は、彼女が女優という職業を離れた後、貧しい子どもたちを救うために、ユニセフの活動に残りの人生を捧げたことなどに表れています。本物の魅力は、彼女のように、愛に満ち溢れた人生を生きる人にこそ与えられます。

愛多く生きた人は、霊的な目で見れば、身体全体に大小さまざまなダイヤモンドがちりばめられています。すなわち、愛がひとしずく地上に落ちたならば、そ

のひとしずくの愛は、宝石となってその人の身で輝くのです。
私は与える愛の大切さをよく説いていますが、なぜ与える愛が大切かといえば、愛は与えた人のものになるからです。（中略）
これは愛の本質を示しています。すなわち、愛は与えた人のものになるということです。これは霊的世界を貫く黄金の法則なので、一人でも多くの人に知ってほしいのです。
それゆえ、多くの力を持ち、霊格の高い人ほど、より多くの愛を与えます。

（『愛から祈りへ』155・157ページ）

外見の美しい女優は数多くいます。しかし、世界的女優になれるのはその中でも限られた人だけです。花が芳《かぐわ》しい香りを放ち、甘い蜜が蜂を招き寄せるように、多くの人々を愛する生き方から本物の魅力が生まれるのです。

勇気や希望を与えよ

そして、俳優として愛を与える最も大きな機会は、その職業を通して映画やTVなどで人々に見せる「演技」に他ならないでしょう。タレントにおいても、多くのTV番組ではバラエティを含めて台本がありますから、ある種の演技力が必要になるといえるのではないでしょうか。

大川総裁は、愛の実践について以下のように述べています。

★★★★★★★★★★★★★

一人ひとりの心のなかに、点火されていないロウソクがある。

あなたにも、あなたにも、あなたにも、その胸の内に、まだ火を灯していない一本のロウソクがある。

このロウソクに火を灯す行為こそ、愛の行為である。

ロウソクに火を灯す行為とは何であるか。

★★★★★★★★★★★★★

★★★★★★★

それは、各人が本来持っているところの光、明るさ、豊かさ、力強い希望、こうしたものを内から外へと散乱させ、燦然《さんぜん》と光を放つようにしてあげることだ。

（『信仰と愛』22ページ）

★★★★★★★

映画やTVドラマなどで描かれる世界は人生の縮図といえます。一冊の小説の中にたくさんの教訓や感動があるのと同じように、映画やTVドラマという虚構の世界の中にも、たくさんの教訓や感動、人生を生きていく勇気や希望を込めることができます。

例えば、フランク・キャプラ監督の映画「素晴らしき哉、人生！」は、アメリカの大手映画批評サイトRotten Tomatoesが発表した2014年版クリスマス映画ベスト25において1位を獲得しています。1946年に公開された映画が、約70年の時を経て、今なお多くの人々の心に響いているのです。また、映画監督の三木孝浩は、ロマンチックコメディ映画「恋はデジャ・ブ」（1993）について、「自分が変わることで、人生や世界が変わると教えてくれた人生哲学」と語っています。

映画「幸福《しあわせ》の黄色いハンカチ」（1977）や「男はつらいよ」シリーズ（1969〜1995）など数々の代表作をもつ映画監督の山田洋次は、「芸術というものは、どういったものだと思われますか」と投げ掛けられた質問に対して、以下のように答えています。

「何度見ても聞いても飽きがこない。それだけでなく、それに接した人が、自分も自分の世界で頑張らなきゃいけないと励まされるようなものが、芸術ではないでしょうか」(3)

優れた映画作品は、観客の人生に大きな影響を与えるのです。映画やTVドラマの主人公と自分自身を重ね合わせて、人生のヒントを得る人は多くいます。何気なく観たTVドラマの台詞《せりふ》に人生を救われることもあります。

そして、こうした人生を生きる勇気や希望を伝えられるかどうかは、俳優の演技力にかかっているといえるでしょう。「ふり」をするだけの演技では、伝えなければならない真実が嘘となって伝わり、観客に感動を与えることはできません。

人間は日常の中でも、自覚がないだけで意外に演技をしているものです。例えば、友人から隠し事を問い詰められているときに、「下手な芝居をするな」などと言われたことはないでしょうか。自分が思っていることは、ある程度相手に伝わってしまいます。

大川総裁は、以下のように述べています。

たとえば、みなさんは他の人の心をある程度は読むことができるでしょう。親しい友人同士や夫婦のあいだでは、表情のちょっとした変化や身振り、言葉の端などから、相手の考えていることがパッと分かるでしょう。（中略）

ある程度は以心伝心で相手の考えが分かります。合理的な根拠は何もないのに、他の人の考えがなんとなく分かることがあるのです。

☆☆☆☆☆☆☆☆☆

日本を代表する俳優のひとりであり、長い下積み時代を経て実力派俳優として活躍している唐沢寿明の守護霊は、「役になり切ることの重要性」について次のように語っています。

（『繁栄の法』96ページ）

それになり切るっていうのは、人が感情移入できなかったら失敗なわけだから、なかなか大変なんですよ。

※唐沢寿明守護霊（『イン・ザ・ヒーローの世界へ』142ページ）

☆☆☆☆☆☆☆☆☆

与えられた役をリアルな自分の人生として表現してこそ、台詞や行動に真実味が出てくるのです。観客に感動を与える真実の演技をすることこそ、俳優としての醍醐《だいご》味《み》であり、愛の具体化といえるでしょう。

「美」や「潤い」をもたらす

俳優が演技の機会を通して、人々に勇気や希望、魂の糧を与えていくことは、殺伐《さつばつ》とした現代社会における心の余裕や潤いの創造にもつながっていきます。

大川総裁は、芸術の役割について以下のように述べています。

昔からギリシャには「悪魔は芸術を解《かい》さない」ということわざがありました。悪魔には芸術が分からないというのです。そのため、当時は、芸術的な光を放つことが、偉大な神の子であることの証明ともなっていたのです。

これは真実です。地獄の悪魔たちは、いつも闘争と殺戮《さつりく》をくり返しているので、芸術が分からないのです。音楽を楽しむ余裕も、詩を吟《ぎん》ずる余裕も、文学を語る余裕も、彼らにはありません。そうした精神的余裕がないのです。

（『愛から祈りへ』183・184ページ）

中学2年生のときに第21回ホリプロタレントスカウトキャラバン「PURE GIRLオーディション」でグランプリを受賞し、数多くの映画やTVドラマに出演している女優・深田恭子の守護霊は、霊言の中で次のように述べています。

★★★★★★★★★★★★★★

神様に訊《き》かないと、何を美しいとしておられるのかは、私にはよくは分からないんですけれども。ただ、世の中に潤《うるお》いを与えようとしておられるのかなとは思ってるんですよ。だから、殺伐とした世界というか、人情も薄れて砂漠化していく感じの都会にどんどんなっているじゃないですか。そのなかで、「心の潤いから、世界の美しさを輝かせたい」っていうふうな願いが、美になってるんじゃないかなあと思うんですよねえ。

※深田恭子守護霊　（『神秘の時」の刻み方』92ページ）

★★★★★★★★★★★★★★

「ミスセブンティーン2003」に選ばれてモデルデビュー、同年にTVドラマ「美少女戦士セーラームーン」で女優デビューを果たし、その後も順調に女優としてのキャリアを重ねている北川景子は、映画「パラダイス・キス」（2011）公開のときのインタビューで、女優という仕事について次のように答えています。

「この先も女優の仕事を続けていきたいなと思っています。こうやって作品や役を通じて、世の中に何か問題を投げかけることができたり、誰かに対して感動や勇気を与えられる立場にいることは自分にとっても誇りです。ずっとそういう立場で居続けられるよう、努力を怠らずにやっていきたいですね」(4)

私は芸術や芸能は、車にたとえればオイルの役目を果たしていると思うのです。車はガソリンで走りますが、オイルがないとエンジンが焼き付き、動かなくなってしまいます。人生も同様であり、心の余裕や潤いがあることによって、人生のエンジンを調子良く回転させ続けることができます。

先に紹介したように、大川総裁は「悪魔は闘争と殺戮ばかりで心に余裕がなく、芸術を解さない」と教えてくださっています。つまり、心の余裕や潤いの欠如が、この地上を地獄界に近づけているのです。

そうであるならば、俳優が演技によって多くの人々に愛や優しさ、勇気や希望を与えるという使命を果たし、多くの人々の心を潤わせていくことができたならば、世界の美しさは輝きを増し、地上は天国に近づいていくのではないでしょうか。

2. トレンドを創り出し、新しい文化を発信する

社会の空気や世論を変える

ここまで、「人々の心に勇気や希望を与えていく」という、ミクロ的な観点から俳優・タレントの使命を見てきました。次に、視点を変えて、「社会への影響力の大きさ」というマクロ的な観点から考えてみたいと思います。

大川総裁は、映画やTVドラマの影響力について以下のように述べています。

映画なら、活字が苦手な人でも理解することができるでしょう。本を読む人の十倍ぐらいの人が観ることができるでしょう。そういうことで、映画も製作しています。

（『勇気への挑戦』51－52ページ）

硬派の思想や本等でなく、こうしたサブカルチャー的な、国民的なムードや人気のようなものが、大きく世論を変えていく力になることもあるので、政治的にも宗教的にも、見逃してはならない点なのではないでしょうか。

（『誰も知らない「人気絶頂男の秘密」』21－22ページ）

トレンドを創り出したTVドラマといえば、女優の小川知子やいしだあゆみなどが出演し、1980年代に放送された「金曜日の妻たちへ」シリーズ（1983～1985）が挙げられます。NHK連続TV小説「ちゅらさん」（2001）などの脚本を手掛けた岡田恵和《よしかず》は、以下のように語っています。
「この『金妻』のドラマ界に残した功績はたくさんある。その一つは、今では当たり前になっている、集団恋愛劇というスタイルを、ある意味確立したところにある。この後、このスタイルは同じく鎌田敏夫さん脚本の『男女七人夏物語』へと続き、それが、その後のフジテレビの、いわゆる『トレンディドラマ』へと続いていく」(5)

最も人気が高かったパートⅢでは、視聴率23・8％を獲得。TVドラマ内で女優たちが着ていた洋服は、オンエア後に飛ぶように売れたといいます。「金曜日の夜は主婦が電話に出ない」ともいわれるほどヒットしたこのTVドラマは、岡田恵和が、「自分もこの作品を超えるような脚本を書いてみたい」と目標に挙げるほど、現在においても日本のTVドラマ史の中で存在感を放っています。

2013年には、堺雅人が主演を務めたTVドラマ「半沢直樹」が全国的に流行して社会現象化し、ドラマ内で発せられる主人公の決め台詞「倍返し」は、

2013ユーキャン新語・流行語大賞で年間大賞に選ばれました。このTVドラマは「銀行家として反骨精神をもって上層部や金融庁と戦う」「非常に厳しい状況の中、不屈の闘志で戦い勝利する」という内容です。多くの人々の心に、強い日本人復活のメッセージや勝利への希望を届けたのではないでしょうか。

また、ハリウッド映画のキャスティング・ディレクターとして活躍する奈良橋陽子も、俳優の影響力について以下のように語っています。

「『ラストサムライ』に出演した小雪さんがあるコマーシャルに出演した時、大評判になってその商品の在庫がなくなり、いったんコマーシャルの放映がストップになったという話を聞いたことがあります。一人の女優の影響力はこれほどまでにあるということです。（中略）役者とは、それだけ影響力のある存在なのです。自分の演技を観てくれた観客の人生を、変えることができる場合だってあります。生きていくための新しいエネルギーと光を与えることもありえるのです。凄まじい影響力ですよね。ニューヨークのアクターズ・スタジオもそのことを大変重視し、

自分の芝居を通して社会のために貢献することが役者の責任であると言っています」(6)

上に立つ政治家が誰かによって社会の空気は変わるものですが、映画やTVドラマが大ヒットすることでも、社会の空気はやはりガラッと変わります。俳優・タレントは、映画やTVドラマを通して、文化的な側面から国の空気や世論、日本文化を創っていく機会を与えられているのです。

日本から世界へ良き文化を発信する

日本の良き文化を伝える素晴らしい映画やTVドラマを海外に届けることができれば、外交官以上の仕事ができるといっても過言ではありません。

大川総裁は、映画における日本文化の描写について以下のように述べています。

要するに、「日本には、チャンバラか忍者ぐらいしか、もう見せるものはない」という文化発信がなされているのです。

それを見れば、韓国や中国が、「日本は危険な国なのだ」と思い込みたがるのも、分からないことではありません。日本人が、中国人について、「みんなカンフーができる」と思うのと同じような間違いかもしれませんが、そういうことがあるので、やはり、文化を理解すると同時に、「文化発信」も大事になると思います。

（『プロフェッショナルとしての国際ビジネスマンの条件』59‐60ページ）

私の経験になりますが、2012年に映画「ファイナル・ジャッジメント」の総合プロデューサーとして、プレミア試写会でフィリピンに行ったときに、強く感じたことがあります。フィリピンでは日本の人気が高いと思っていたのですが、意外にも韓国のほうが人気が高いことに驚きました。現地の人たちに聞いてみると、数多くの韓国ドラマが放映されていることが理由だと分かりました。韓国は国策として、イケメン俳優を出演させ、サムスンの電化製品や韓国製の車を登場させるなど、韓国の良いところを全面にPRしたTVドラマをつくり、フィリピンで流行らせていたのです。

現代において映画やTVドラマは、その国独自の素晴らしい文化を世界に伝えて、国のイメージを向上させる力をもっています。日本でもTV放送初期の頃は、数多く放映されていたアメリカのホームドラマを観て、その生活の豊かさに憧れを抱いたものです。これからは、日本から積極的に良き文化を発信していくべきでしょう。

さらにHSUでは、今ある文化を発信するのみならず、世界を幸福にする新しいモデルを探究し、それを世界に向けて発信していきたいと考えています。今の日本には、手本とする先進国はなくなっています。日本人は、これから自分たちで未来を創っていかなければなりません。時代を追いかけるのではなく、新時代のモデルを創り、世界のリーダーとして発信していく使命があるのです。

大川総裁は、以下のように述べています。

幸福の科学大学は、「日本の国を再創造し、もう一度の発展をつくる」と同時に、やはり、「世界のリーダーとして、世界を発展させるための礎《いしずえ》となる」ということです。

大きな表現をするならば、「幸福の科学大学を『新文明の源流』『新文明の発信基地』にしたい」という気持ちを、私は強く強く持っているのです。

（『教育の使命』１８９ページ）

アメリカンモデルによるならば、「では、日本はこれから銃社会に入っていくつもりなのか」ということになります。各家庭で拳銃を所持して、他人が無断で入ってきたら撃ち殺す準備をし、時々、休日には射撃訓練に行かなければいけないような時代を選ぶのでしょうか。

あるいは、最近は、女優や俳優が、麻薬や覚醒剤を使用して逮捕され、マスコミが大騒ぎしていますが、そのように麻薬が流行る時代が日本にも来るのでしょうか。（中略）

今、先進国モデルを見ると、必ずしも健全な発展とは思えないものもかなりあります。まねをすると社会が不健全になるものについては、あまりまねをしないほうがよいでしょう。したがって、新しいモデルをつくるべき時期が、今、来ているのではないかと思います。

（月刊「幸福の科学」2010年8月号「『創造の法』講義③」5-6ページ）

もちろん、欧米の文化（芸能）やエンターテインメントには、ハリウッド映画やポップミュージックなど、優れたものが数多くあり、まだまだ日本がそれらに学ぶべきところはあります。しかし、それらを追随するだけでは未来社会の新しいモデルづくり、新しい価値の創造にはならないでしょう。

新しい時代を創るためには、未知なるものや新しいものに、果敢に挑戦していかなければなりません。「新しい時代は日本から始まる」という気概をもってこそ、未来は創造されていくのです。

映画がもつ政治体制を乗り越えるパワー

映画やTVドラマは、社会をより良き方向に導くための政治的なオピニオンを発信することもできます。

例えば、大川隆法総裁製作総指揮の映画「ファイナル・ジャッジメント」では、軍事国家の台頭による国防の危機を訴えましたが、評論家の黄文雄《こうぶんゆう》はこの映画が現代日本人への警鐘となっている旨のコメントをしています。

「この映画は、現代の日本が抱える課題を浮き彫りにしています。(中略)映画では日本が侵略されますが、現実の世界でも同じことが起こる可能性が十分にあ

るという点です」(7)

同じく2012年に公開されたアニメーション映画「神秘の法」では、テロ問題などで混迷を深めている世界に対して、「愛」と「寛容」のメッセージを投げ掛けました。この映画は、2013年4月12日～4月21日にアメリカ・テキサス州で開催された、ワールドフェスト・ヒューストン国際映画祭において、スペシャル・ジュリー・アワード（REMI SPECIAL JURY AWARD）を受賞。さらに、アカデミー賞の長編アニメ部門のノミネート候補作品として選ばれるなど、大変な快挙を成し遂げました。私たちは、日本の素晴らしい文化や正しい時代認識を、世界に伝えていきたいと思っているのです。

さらに、映画やTVドラマは、エンターテインメントというフィルターを通ることによって、政治体制や人種の違いを乗り越えていく力をもっています。

大川総裁は、以下のように述べています。

映画「ファイナル・ジャッジメント」に関しては、主演女優としてスリランカの女優を起用していたので、スリランカ航空のほうから、「機内で上映させてほしい」という依頼があり、数カ月間、飛行機のなかで観ることができるようになっていました。

それから、映画「神秘の法」も、中華圏の一部の国の航空会社（エバー航空）の機内で、数カ月間観られるようになっていました。

（月刊「幸福の科学」2013年8月号「『未来の法』講義④」13-14ページ）

政治体制を乗り越えた顕著な例として挙げられるのが、映画「幸福の黄色いハンカチ」や「鉄道員《ぽっぽや》」（1999）など、数々の名演技を残してきた俳優・高倉健（1931-2014）の中国における人気でしょう。高倉健は、映画「君よ憤《ふん》怒《ぬ》の河を渉れ」（1976）に主役として出演し、その映画が文化大革命後の中国で初めての外国映画として公開されました。その結果、中国で大人気の俳優となり、彼が上海に行ったときには、中国人の群集に囲まれて映画の挿入曲の大合唱になったそうです。

２０１４年11月に、日本で高倉健の死去が報じられると、中国では国営中国中央ＴＶ（ＣＣＴＶ）をはじめとする中国メディアが、相次いで追悼特集を組みました。さらに、中国外務省の報道官は、記者会見で「（編集注：高倉健は）中国人民がよく知っている芸術家で、両国間の文化交流促進のため重要な積極的貢献を果たした」(8)と哀悼の意を表す異例の対応を見せました。

また、ＮＨＫ連続ＴＶ小説「おしん」（１９８３～１９８４）も、海外で大ヒットした作品のひとつです。アジアを中心に、累計68もの国・地域で放送されています。このＴＶドラマを通して、「日本の豊かさの根源には自助努力の精神がある」ということを、世界に示すことができたはずです。それは日本のイメージ向上にもなったし、貧しい国や地域の人々へ国を繁栄させる方法を教えることにもなったでしょう。

高倉健は、映画の影響力について以下のように語っています。

「映画はね、あくまでもエンターテインメントだと思う。映画を見て学識が豊かになるとか何かを教わるとかは、僕はないと思う。ただ、ボディは打つね。見る人の心に響くものを届けることはできる。アメリカの大統領が全世界に向かって演説するよりも、『タイタニック』を持って世界中で上映したほうが、大衆の心はアメリカに向かうと思う」(9)

このように映画やＴＶドラマには、政治体制や人種が違う国であっても、人々にメッセージを投げ掛ける強い力があります。俳優・タレントは、大きな影響力をもつ存在として、政治家と同等の働きができる可能性があるのです。

求められるリーダーとしての見識

現代は情報社会であり、日本の世論をつくっている最も大きな要素として、マスメディアの力は計り知れません。政治家でさえその力には抗《あらが》いがたいものがあります。マスコミ型民主主義社会の下では、「メディアを制した者が政治を制する」といっても過言ではないでしょう。

大川総裁は、以下のように述べています。

知事では、カリフォルニア州知事のアーノルド・シュワルツェネッガー氏がいます（説法当時）。（中略）

最近の流れを見ると、どうやら、「できるだけ多くの人の心をつかめるタイプの人が、トップになるとよい時代」に入ったようです。

国のトップは、メディアを通じて意見を発表し、それを国民に知らしめなくてはいけませんし、国民の気持ちをつかまなければ、行政ができない時代に入ってきているので、必要とされるタイプが変わってきたのかもしれません。

（『日本の夜明けに向けて』85‐86ページ）

日本では芸能人が政治的発言をすることは敬遠されていますが、今後はその影響に応じた責任ある発言が求められるようになるでしょう。数多くの映画やＴＶドラマで活躍する俳優で歌舞伎役者の香川照之は、以下のように語っています。

「ハリウッドやヨーロッパなどの俳優は、社会的な意見を堂々と言うケースが多い。それに比して日本では、幼く可愛げのあるコメントが重宝されて、社会性のあるヴィヴィッドな打ち出しが忌み嫌われることがしばしばだ。しかし私は、俳優が社会への責任を自覚して、しっかりと自らのメッセージをいつ何時でも発する必要性があると考えている。日本で社会的な映画がなかなか成立しないのは、芸能人と社会性が分断されていることがその背景にあるからだ。社会に対して何も考えていないふりをしているのが、当たり障りがなくて安全だという消極的な認識が広く芸能界を席捲している。（中略）この世に生を受け健康に生かしてもらっているならば、その当然のお返しとして、人として、また俳優として私は正しいことをやるべきだとただ思うのである」(10)

これからの俳優・タレントは、社会や政治が混迷の中にあるときに、人々を幸福に導く正しい価値観や政治思想をもって、多くの人々を正しい方向に導いていく使命があります。つまり、影響力が大きくなればなるほど、政治的見識を含めたリーダーとしての見識が問われることになるのです。

政治家にも必要な演技力

ＨＳＵ未来創造学部には、芸能・クリエーター部門専攻コースと政治・ジャーナリズム専攻コースが用意されており、俳優・タレントを目指す人でも、政治的見識を磨くことができるようになっています。

また、政治・ジャーナリズム専攻コースの学生たちも、演技について学ぶことで、人の心をつかむスキルを身に付けることができるでしょう。

現代の政治家には「感性」が必要となります。なぜなら、民主主義の選挙制度のもとでは、「人気」や「人の心をつかむ」ことが当選の重要なファクターであり、この点に関しては、政界も芸能界と近い構造となっているからです。

大川総裁は、以下のように述べています。

オバマさんはスピーチ上手で有名ですが、一応、原稿を読み上げているということは、やはり、「読み方が上手だ」ということです。抑揚や発声の仕方、人を感動させるような言い方がうまいわけです。

彼は、リンカンやマーティン・ルーサー・キング牧師、ケネディの演説等を研究し、「どういう演説の仕方をすれば、人を感動させられるか」ということを勉強しているので、「いかに感動的に伝えるか」という技術はそうとうあると思います。

（『国際伝道を志す者たちへの外国語学習のヒント』76－77ページ）

政党の人には、時間をつくって、演技練習や発声練習、歌の練習など、「人に見

られる職業」としての練習もしていただきたいと思っています。
アメリカには、俳優としては一流でなくとも、大統領を演じたら一流になった人もいますし、俳優として一流で、知事としても、そこそこ名をなした人もいます。
政治家としては、自分の考えを人に伝えたり、自分の存在を伝えたりすることも大事な仕事です。そうした訓練を積んでいかなければならないと考えています。

（『国を守る宗教の力』40ページ）

アメリカ合衆国第16代大統領のエイブラハム・リンカン（１８０９‐１８６５）は、「人民の、人民による、人民のための政治」という有名な名言を生んだゲティスバーグの演説で人々の心をつかみ、分裂しかかったアメリカをひとつにまとめ、繁栄へと導いていきました。また、黒人差別を撤廃する公民権運動を展開したマーティン・ルーサー・キング・ジュニア（１９２９‐１９６８）も、“I Have a Dream”で知られる演説によって、人々の心の琴線を揺さぶり、数多くの人々の支持を集めました。

幸福の科学においても、1991年の講談社フライデー事件では、小説家の景山民夫さん（1947‐1998）、女優の小川知子さんが、「講談社フライデー全国被害者の会」会長、副会長に就任し、信仰を汚すねつ造記事や言論の暴力と戦いました。私も当時、広報局の職員としてともに戦いましたが、大女優である小川知子さんが講談社への抗議デモの前に行った力強い演説、裁判所での情感溢れるスピーチは、間違いなく数多くの人々の胸を打ちました。その結果、精神的公害訴訟は勝利を収め、信仰心の価値を世に示すことができたのです。

たとえ素晴らしい政治哲学や政策をもっていたとしても、人々に伝える力がなければ、この地上に正義を打ち立てることはできないのです。したがってジャーナリストや政治家も、多くの人々を正しい方向に導いていくために、人々に感動を与えるための「演技力」「表現力」を磨いていかなければなりません。

俳優から政治家への転身も

ＨＳＵ未来創造学部では、その特性が近いことから、俳優・タレントから政治家への転身についても積極的に考えています。

大川総裁は、ハリウッド俳優から大統領にまでなったロナルド・レーガン（１９１１‐２００４）について、以下のように述べています。

アメリカでは、一九八〇年代に、レーガン大統領が、二期八年、務めました。元はハリウッドの役者であり、役者としては二流だったはずです。一流の役者ではありませんでした。この人は、役者では二流だったのに、大統領だと一流になってしまいました。米ソの冷戦を終わらせたので、一流でしょう。

（『日本の夜明けに向けて』85ページ）

レーガン以外にも、ハリウッド女優からモナコ公妃に転身した女優として、グレース・ケリー(1929‐1982)がいます。彼女はアカデミー賞主演女優賞を獲得するほどの大人気ハリウッド女優でしたが、その人気絶頂期に政治的立場へと転身を果たしました。彼女が公妃になったことで、メディアを通して世界中にモナコ公国が知られることとなり、海外からの観光客が大幅に増えたのです。

また、芸術を深く愛していた彼女は、バレエや演劇をはじめ、毎年行われる国際ブーケコンクールの開催に尽力するなど、モナコ公国を文化・芸術の国へと押し上げ、それまであまりイメージが良いとはいえなかったモナコ公国のイメージを一新することに成功します。女優として培ったメディアを制する力を、政界の中で発揮することのできた事例といえるでしょう。

もちろん、政治をポピュリズムによる衆愚政にすることは論外ですが、日本でも、森田健作、扇千景《ちかげ》、三原じゅん子、西川きよしなど、挙げればきりがないほど、政界は俳優・タレントからの転身者で溢れています。以上のことから、俳優・

タレントから政治家への転身もひとつの具体的なキャリアプランとして想定して、授業カリキュラムを組んでいます。

本章では、ミクロ的観点とマクロ的観点の両方から、俳優・タレントの使命を学びました。次章では、一流の俳優・タレントになるための心構えについて学んでいきます。

コラム

劇団「文学座」の思い出

演技に夢中になった日々

私は、当時最も大きかった劇団のひとつである「文学座」の文学座附属演劇研究所で、3年間俳優修行に励んだ経験があります。本科1年、研修科2年の合計3年間、ここでお世話になりました。

当時は、入所試験を受けた受験者の中から、昼間部と夜間部でそれぞれ50人ずつ合格しました。さらに本科1年が終わると2年間の研修科に昇級するのですが、ここで残れたのはたった

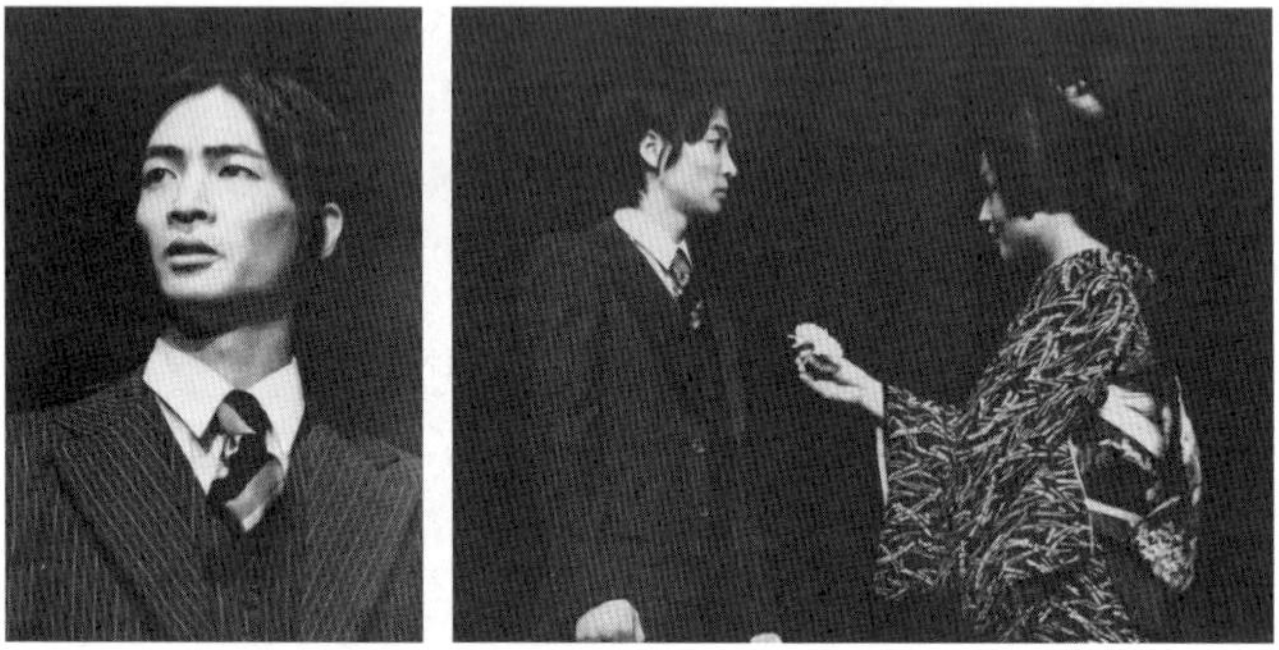

研修科発表会「鹿鳴館《ろくめいかん》」（1974）

10人。夜間部からは男性では私ひとりが残ることができました。

研修所はそれはすごい熱量で、みんな自信満々に「絶対に俳優になってみせます！」と自己アピールしていました。私がいた頃はとても豊作といわれた時代で、同期には中村雅俊がいました。1年上が松田優作、2年上になると桃井かおりや角野卓造、西岡徳馬など。さらに上の先輩には江守徹などがいます。最近ではTVドラマ「鈴木先生」（2011）や、「デート〜恋とはどんなものかしら〜」（2015）の主役を務めた長谷川博己が文学座の出身です。

ちなみに現在放送中（2015年9月時点）のNHK大河ドラマ「花燃ゆ」に富永有隣役で出演している本田博太郎は、同じ夜間部の同期で仲良くしていました。

「外郎売」

文学座では、1年目はスタニスラフスキー・システムを学んだ演出家が演技指導をしてくれました。また、発声、声楽、体操、ジャズダンス、狂言などの実技と、演劇の歴史などの座学を学びました。姉によると、あの頃の私は「ちょっと異常さを感じるほど一生懸命で、鬼気迫る雰囲気があった」とのことです。本当に夢中になって演技の勉強をしていました。

「外郎売《ういろううり》」（※巻末付録参照）という長台詞があります。

これは、1718年に江戸森田座の「若緑勢曾我《わかみどりいきおいそが》」で、二代目市川團十郎によって初演された演目。現在でも俳優・タレントなどの養成所、あるいはアナウンサーの研修などで、発声練習や滑舌の練習に使われています。

意外と真面目に取り組まない人も多いのですが、私は台詞の読み方が書かれた解説書などを読んで、それに沿って練習に練習を重ねました。それをみんなの前でやってみると、あまりの出来栄えにみんなビックリしてしまったのです。

それ以来、研究所内で競争の日々が始まりました。昼間部の人までもが、「夜間部はすごいらしいぞ」と言って、「外郎売」に熱心に取り組むようになったようなのです。ひとりが熱心にやるとずいぶん雰囲気が変わるものです。

「不条理劇」ではなく「真理劇」を

2年間は本気で演技に取り組みましたが、やや疑問を抱き始めたのが3年目に入ってのこと。本公演にも出るようになりギャラをもらい始めたころのことです。当時、文学座を代表とする「新劇」といわれる世界は、左翼的な思想に染まっており、上演する劇が私には価値があると思えなかったのです。「不条理劇」と呼ばれる人生の不毛を描く劇が多く、うんざりしてしまいました。「これはもう自分でつくるしかない」と思った私は、本来やりたかった監督、演出家の道に進む決意を固め映像制作会社に就職。その後、TV番組「ベストヒットUSA」のディレクターとなり、演出家になる夢を実現しました。

しかし、俳優修行をした3年間は間違いなくその後の人生にも生きています。

今もこうして、演技に関わる仕事をしています。これから若い皆さんと、「不条理劇」ではなく人々を幸福にする「真理劇」を創りたいと思っているところです。

若い方々に伝えたいのは、とにかく一生懸命に取り組んでみること。やっていると自分がその職業に向いているかどうかがハッキリしてきます。とことんやって面白いと思ったら、とことん精進すると良い。

「とにかく必死にやってみること」

これが私から皆さんに伝えたい心からのメッセージです。

TV番組「ベストヒットUSA」ディレクター時代

コラム

知っておこう！「スタニスラフスキー」
～現代における俳優教育の草分け的存在

独自の演技論「スタニスラフスキー・システム」を構築

俳優を目指す若者ならば、教養として知っておかなければならない人に、コンスタンチン・スタニスラフスキー（1863‐1938）がいます。俳優や演技に関する本を読むと必ずといってよいほど出てきます。

スタニスラフスキーは、モスクワ芸術座を創設した演出家であり俳優です。「スタニスラフスキー・システム」という演技論を生涯をかけてまとめまし

コンスタンチン・スタニスラフスキー

た。演技の基礎と役づくりについて科学的にアプローチした点で現代における俳優教育の草分け的存在であり、彼の著書『俳優の仕事』（三部作）は、俳優たちの間ではバイブル的に扱われているといっても過言ではありません。

ロシア文学者の浦雅春によると、スタニスラフスキーは早くから演技論の体系化を目指していたようで、1907年末に発表した論文には、すでにその理論の核となる考え方が見られるそうです。

最終的には数多くの具体的な俳優訓練法を発表していますが、彼は著書の中で、そのシステムのポイントをまとめて語っています。

「私の『システム』は二つの主要な部分に分れている。すなわち、（一）俳優の自分にたいする内面的および外面的な仕事、（二）役にたいする内面的および外面的な仕事である。自分にたいする内面的な仕事は、もっとも容易にインスピレーションが降ってくるような状態である創造的自己感覚を、俳優が自分のうちに呼び出すことができるような心理的技術を仕上げることである。自分にたいする外面的な仕事とは、役を具象化し、その内面的な生活を厳密に表現するために身体器官を準備することである。役にたいする仕事とは、ドラマ作品の精神的本質、その作品が作られるもととなり、またその作品の意味、および作品の構成要素となっている各々の役の意味を決定しているその種子を研究することである」(11)

ハリウッドを支える〝メソッド演技〟の生みの親

スタニスラフスキー・システムをアメリカで広げ、アクターズ・スタジオの黄金期を支えたリー・ストラスバーグ（1901‐1982）の影響もあって、「例えば悲しい演技をするときには、過去に自分が体験した悲しい気持ちを呼び覚まし、それを表現するような手法がこのシステムの特徴だ」と単純に考えている人も多いようですが、実際にはその演技論は膨大なため、人によってさまざまな解釈が存在します。

いずれにしても、リー・ストラスバーグがこのシステムを取り入れて確立した「メソッド演技法」が、現代における演技のルネッサンスともいわれるハリウッドの隆興を支えたことは間違いありません。マリリン・モンローも彼の演技指導を受けていますし、ダスティン・ホフマンやロバート・デ・ニーロなど、リー・ストラスバーグから演技を学んだ一流俳優は、名前を挙げればきりがないほどです。

彼ら以外にも、20世紀最大の俳優といわれるマーロン・ブランドなどを指導したステラ・アドラー（1901-1992）や、ニューヨークHBスタジオの演技指導者ウタ・ハーゲン（1919-2004）など、数多くの俳優や演技指導者がスタニスラフスキーから影響を受けています。これらの実績は、スタニスラフスキー・システムのある一定の教育効果を示すものでしょう。

トルストイの思想や東洋哲学にも影響を受けていた!?

実はこのスタニスラフスキーは、偉大な小説家であり思想家でもあるレフ・トルストイとほぼ同時期の人であり、生前、トルストイの作品を演劇として演出していました。彼がトルストイの芸術観に大きな影響を受けていたと指摘する学者もいます。著書『芸術におけるわが生涯（上）』の中では、「彼（編集注：トルストイ）の存命中私たちは、『トルストイと同じ時代に生きることは何と幸福なことだろう！』と言っていた」⑿など、トルストイと出会えた喜びがつづられています。

さらにスタニスラフスキーは、その訓練法に瞑想《めいそう》を取り入れるなど、東洋哲学を学んでいたことも分かってきています。その理論は、ローマ時代の修辞学から宗教的な要素のある東洋哲学やドイツ古典哲学の教えまで、幅広い教養をもとに構築されているといわれています。日本をはじめ世界中の数多くの演技学校が、このシ

レフ・トルストイ

ステムを教育のベースにしています。私が文学座で学んだのも、やはりこの演技理論が中心でした。

ＨＳＵ未来創造学部の芸能・クリエーター部門専攻コースでは、スタニスラフスキー・システムを中心とした既存の理論を学びつつも、その課題や問題点も明らかにして、幸福の科学で説かれる幅広い仏法真理をベースに、新時代の演技論を学生とともに創り上げていきたいと思っています。

第2章
プロフェッショナルの心構え

1．天命に生きる

どこまでも強い信念をもて

大川総裁が数多くの書籍の中で、「強い念いが未来を創る」「念いには物理的力がある」と教えてくださっているように、チャンスをつかむために重要なのは、あなたのゴールを明確にすること、強く明確なビジョンを描くことです。

★★★★★★★★★★★★★★★★★

イメージングこそ、あなたの未来の設計図。
繰り返し発射される思念は、必ずや実現するのだ。

（『師弟の道』33ページ）

★★★★★★★★★★★★★★★★★

自己実現の方法においても、ビジョン化といって、「ありありと目に浮かぶよう

に描くと、それが近寄ってくる」ということがよく言われます。実際に、念にはそういう具象化の力があるのです。これは物理的な力と言ってもよいかもしれません。それが現にあるということです。

（『繁栄の法則』121・122ページ）

HSUの松本弘司ビジティング・プロフェッサーの著書『新時代のクリエイティブ入門』でも触れられているように、マリリン・モンローやチャールズ・チャップリンなどのスターたちを見ても、並々ならぬ志と熱意をもって努力を重ね、その少ないチャンスを手にしています。オードリー・ヘップバーンも、「不可能なことなんてない。不可能（impossible）という言葉自体が、『私は可能だ（I'm possible）』と言ってるじゃない」という力強い言葉を残しています。

「ポップスの女王」と呼ばれるシンガーソングライターで、女優や映画監督としても数多くの実績をもつマドンナは、私がディレクターを務めていたTV番組「べストヒットUSA」に出演してくれたときに、あるエピソードを語ってくれました。トップスターを目指して故郷デトロイトを離れ、初めてニューヨークの地に到着した彼女は、タクシーの運転手に「この街の中心地に連れて行って！」と告げたそうです。そして、タイムズスクエアに降り立った彼女は、「ここで一番有名になる！」と強く決意したといいます。当時、行く当てもなかった彼女ですが、それから5年の下積み期間を経て世界的な大スターが誕生したのです。

堺雅人も、「劇研（編集注：早稲田大学演劇研究会）に入る以上は半端な気持ちでやりたくないと思っていましたから、ゆくゆくは大学を中退することになり、親からの仕送りもなくなると確信していました。（中略）そこまでシミュレーションしながら、出家するような覚悟で入りました」「なんの根拠もないがゆえに、ともすれば萎《しぼ》んでしまいそうな気持ちを、『自分は五千人ぐらい平気で動員できる男だ』みたいな自意識でパンパンに張りつめさせていましたね」(13)と当時を振り返っています。

このように、時代を創るほどのスターたちに共通していることは、驚くほど強い念いをもっているということです。私も実際にそこで仕事をしていたのでよく分かりますが、芸能界は厳しくチャンスの限られた世界です。そのような中で成功をつかみ取るためには、並々ならぬ決意と信念が必要となります。

さらに大川総裁は、心構えの重要性について以下のように述べています。

実は、「人生」や「人間の運命」を決めるのは、能力よりも、むしろ、心の持ち方や態度、心構えです。心構えが各人の人生を決めるのです。（中略）「人間にとって最も大事なことは『心構え』なのだ。心の持ち方が、その人の人生を決めるのだ。結局、その心構えが、その人の行く方向を決めるのだ」ということです。

それは、列車のように、「進むべき方向は、前か、後ろか」と単純に考えると分かりやすいかもしれませんが、もっと言えば、人生は、自動車のように、さま

★★★★★★★

ざまな方向に進むことができるものです。その際に、自分の行く先を決めるのは、実は、自分の心構えなのです。

（『生涯現役人生』60 - 61ページ）

★★★★★★★

未来はあなたの心の中にあります。スターを目指すのであれば、どこまでも強い信念をもちましょう。そして、信念によってあなたのゴールを定めたら、その道のりを歩んでいく途中で迷子にならないように、いくつかの正しい心構えをもつことが大切です。

恵まれた容姿と美貌《びぼう》などによって、一時的にスポットライトを浴びる人もいますが、室町時代に独自の理論を築いた能の大成者である世阿弥が教えているように、一時的な成功としての〝時分の花〟ではなく、長く輝き続けるための〝まことの花〟を咲かせたいなら、これから述べる心構えをぜひ身に付けていただきたいと思います。

演技に天命を見出す

まず、スターとして成功し活躍を続けるためには、俳優・タレントという職業に天命を見出す必要があるでしょう。では、俳優・タレントという職業が自分の天命かどうかは、どうしたら分かるのでしょうか。

大川総裁は、以下のように述べています。

★★★★★★★★★★

「志が内から出てくる」ということ自体が才能です。みなさんの内から、今、何が出てくるのか。この出てくるものが、みなさんの才能なのです。そして、「その才能がある」ということは、「そういう可能性がある」ことを意味しているのです。

（『智慧の法』160ページ）

★★★★★★★★★★

「好きこそものの上手なれ」ということわざ通り、まずは志をもてること自体が才能であり、それ自体が成功の可能性を示しています。さらに一生懸命やればやるほど、魂の喜びと輝きが増してくるようであれば、あなたの天命といえるのではないでしょうか。

世界的に有名な黒澤明監督（1910 - 1998）の映画「まあだだよ」（1993）に、以下のような台詞《せりふ》があります。

「自分が本当に好きなものを見つけてください。見つかったら、その大切なもののために努力しなさい。君たちは、努力したい何かをもっているはずだ。きっとそれは、君たちの心のこもった立派な仕事になるでしょう」

演技講師のステラ・アドラーは、レッスンに来た生徒に「皆さん、出身地も社会的身分も違いますね。でも、このレッスンを受けている理由はひとつ。才能があるからです。本当よ。『何かやりたいな』と思う、その何かから才能が芽を出します」[14]と語っています。ちなみにNHK連続TV小説「マッサン」（2014〜2015）でエリー役としてその演技力が高く評価されたシャーロット・ケイト・

フォックスは、ステラ・アドラー・スタジオNYで学んだひとりです。

天命を見出すということは、自分の職業に誇りをもつこととも いえるでしょう。ステラ・アドラーは、まさに演じることに誇りをもっていた人でした。彼女にとって演じる仕事はとても高尚なものだったようです。「演劇とは真実を発見し伝える場所である」「演劇とは思想を伝えるものなのだ」と口癖のように言っていたそうです。

さらに彼女は次のように語っています。

「あなたはまさに、二千年の文明を受け継ごうとしているところ。きちんと受け継がなければ、人に伝えることはできません。だから僧侶が経典を学ぶように、演劇を学びなさい。そうやって、歴史を未来につなげなさい」(15)

HSUの学生たちも、ぜひこのように演技に天命を見出し、強い誇りをもっていただきたいと思うのです。天命と思うからこそ、その仕事に人生をかけることができるし、演技力にも磨きがかかるのです。

2．厳しさに打ち克つ

真剣勝負で臨む

プロの世界は真剣勝負の連続です。映画やTVドラマの撮影であれば、1シーンを撮るために多くのスタッフや俳優がスケジュールを調整し、さまざまな準備をして当日を迎えます。「夕陽をバックに」などという条件付きの場合もあり、撮影の時間も限られることも多く、まさに一瞬の勝負となることがあります。

大川総裁は、以下のように述べています。

日々、真剣勝負をすることです。日々、真剣勝負を重ねたならば、どの道においても、みなさんは必ずプロフェッショナルになれます。どのような道でもそうです。（中略）

この真剣勝負の世界を生きることができた者のみが、プロフェッショナルとして大成していけるのです。これは、どの道においても、まったく同じです。例外はありません。

（『Think Big!』197・198ページ）

北川景子の守護霊は、「女優として一番大切にしているものは何か」という質問に対して、次のように答えています。

私は、「一作一作」とほんとは言いたいところなんですけども、「一作一作」というよりは、そのなかの「一コマ一コマ」っていうかなあ。自分は、「一コマ一コマに命を懸けたい」っていうような気持ちがあるかなあ。

そこに隙があったら、自分で見直してみて、「この演技は、こうすべきであった」っていうか。「ここは演技がすべった。こう演じるべきだった」というものが、見直してみてあったら、とっても悔しいので。一瞬一瞬に命を懸けたい気持ちを持っているので。

※北川景子守護霊（『女優・北川景子　人気の秘密』113－114ページ）

★★★★★

映画「ラストサムライ」（2003）の撮影に同行した奈良橋陽子は、そのときのエピソードを以下のように語っています。

「（編集注：俳優・二階堂智さんは）当初は小さな役だったのですが、現場で監督に認められ、撮影の後半では、彼の登場する場面やアップのシーンが増えていきました。良いものをもっている役者が努力をすれば、監督が認めて役を拡大したり、次の映画で大きい役を与えたりすることもあります。小さい役だからといって、決して力を抜いてはいけないのです。スタントの役者が死体の役になる場面で、冷たい地面の上で微動だにせず撮影が続けられた時、監督が『最高の死人だ』とつぶやいたこともありました。『アメリカにはこういう俳優はいないよ』と。近代演劇の父、スタニスラフスキーはこう言っています。"There are no small

★★★★★

parts, only small actors.”（小さい役はない、小さいと思うのは、小さい人だけだ）」(16)

また、深田恭子は、写真集『(un)touch《アンタッチ》』の撮影に臨んだときのことを次のように述べています。

「私は、スタッフの方にも、前回もよかったけど今回はもっとよかったって、毎回思っていただきたいんです。そう思ってもらえることは、私にとって涙が出るほど嬉しいことなので。だからこそ、〝今の自分〟ができる最大限の努力をもってこの撮影のために準備しました」(17)

世界的な大スターであるマイケル・ジャクソン（1958‐2009）も「作品に精魂を込めるんだ。そのためなら死んでもいい」という言葉を残していますが、このように一回一回の仕事を真剣勝負で挑むことが大事です。そのときに期待に応えることができなければ、次の機会はない厳しい世界なのです。

チャレンジ精神をもつ

演技に真剣に取り組み、やがてあなたの実力が認められるようになれば、仕事が増えてさまざまな役を演じるようになっていきます。必ずしも自分のやりたい役や得意な役ばかりが回ってくるとは限りません。自分にできそうにない役が回ってきたとしても、「できません」などと逃げずに取り組むのがプロなのです。

大川総裁は、以下のように述べています。

★★★★★★★★★★★★

できない言い訳など、探せばいくらでも出てきますが、どんな環境であっても最善を尽くすのが、プロフェッショナルの流儀なのです。私が自分を励ますときは、いつも、「自分はプロである。どんな環境であっても、プロはプロの仕事をしなければ駄目だ」と思っています。

（『アー・ユー・ハッピー?』２０１２年８月号「感謝の心を維持する方法」54ページ）

★★★★★★★★★★★★

武井咲の守護霊は、次のように語っています。


「できない」と思うことでも「できない」と言っては駄目で、何とかしてそれに、まあ、「食らいついていく」っていう言葉は汚いけども、何とかして、「這《は》ってでも役に追いついていく」っていう感じですかね。

だから、もし目茶苦茶なドラマで、「男子の夏の甲子園に女子だって出て構わない」ということで、私が優勝するチームの四番バッターでピッチャーをやらなきゃいけない役柄が回ってきて、「やれ」と言ったときに、そんなものはっきり言えばできません。客観的に言えばできません。

そんなの、バットもろくに振れなければ、球だって投げれませんけども、そのときに「できません」とは言わないのがプロで。

やはり、「研究してどこまで自分でやれるか」っていうところですね。球速を速く見せるぐらいのことは、映像技術でできることはできるでしょうけども、（役に）なり切れるかどうかのところは「度胸試し」みたいなものですよね。

※武井咲守護霊（『時間よ、止まれ。』104・105ページ）

★★★★★

アイドルグループSMAPのメンバーで俳優としても活躍する木村拓哉は、山田洋次監督の作品である映画「武士の一分」（2006）で、藩主の毒見役をして失明する下級武士を演じました。時代劇で殺陣《たて》や方言もあり、さらに盲目といった難しい役でしたが、チャレンジ精神で役を引き受け、俳優としての新境地を開きました。木村拓哉は、そのときの心境を以下のように語っています。

「並大抵の自分では無理だなという部分があって、その大きさに当たって砕けろ、みたいな感じで（編集注：出演を）決めたような気がします」(18)

オードリー・ヘップバーンは、それまでの彼女のイメージを一新する、大人っぽい外向的なキャラクターをもった映画「ティファニーで朝食を」（1961）の主役のオファーを受けたときのことを次のように振り返っています。

「わたしはこの役を『演じる』ことができると思いました。わたしにとって、ほんとうの革命でした。たくさんの映画にでたあとだったので、もうアマチュア女優だという感じはありませんでしたね。いつもなにかを学ばなければならないと知っていましたが、これに自分をぶつけることができるのに気づきました。この役柄が努力目標になるだろうとわかっていましたけど、ぶつかってみたかったんです」(19)

チャレンジ精神がなければ、チャンスをものにすることはできません。マドンナが「本物のアーティストなら、いつだって目を輝かせて新しいことに挑戦せずにはいられないものよ」と語るように、チャレンジ精神をもっている俳優は輝きが違います。チャレンジ精神をもっていることそれ自体が、俳優としての迫力や存在感となっていくのです。

スターとしての責任感

時代のスターともなれば、その責任の重みは計り知れません。映画やＴＶドラマの制作には、多くのスタッフが陰で俳優の演技を支え、大きなお金も動きますので、絶対に失敗できないというプレッシャーが襲います。一流の俳優といわれるような人であっても、プレッシャーを感じないわけではありません。

大川総裁は、以下のように述べています。

「どれだけの責任を背負うことができるか」ということが、「自分は、どのようなプロフェッショナルであるか」ということを意味します。あなたが背負える責任の範囲まで、あなた自身は成長することが可能なのです。

一日一日、毎年毎年、より重い責任に耐えられるように、頑張って努力してください。その人の背負える責任が、その人の人物の大きさを表します。

常に、新しいことに挑戦する人は、「もっと重い責任に耐えよう」と挑戦する人でもあります。常に、新しいことにチャレンジし、他の人が行《おこな》ったことのないことをし、周りの人が止めるようなことを、あえてやってのけることこそが大事なのです。

（『Think Big!』200‐201ページ）

何百人ものスタッフに囲まれつつ主役を演じ切るのは、強い責任感なくして成り立つことではない。

（『景気をよくする人気女優 綾瀬はるかの成功術』あとがき）

アイドルグループV6のメンバーとして活躍しながら、映画「永遠の0」（2013）やNHK大河ドラマ「軍師官兵衛」（2014）の主演を務めるなど、俳優としても実力を伸ばしている岡田准一は、以下のように語っています。

「いまだに〝主演〟となると、毎日がプレッシャーとの闘いで、エンドロールの一番初めに自分の名前がくるのは怖くてたまらない」「主演のお仕事をさせていただくとき、その作品の評価が低かったら、自分の責任だと思っているので、『毎回、これで終わるかもと思いながらやっています』と言うと、やっぱり『真面目！』と言われてしまう。でも、当たり前のことだと思っている。主演とはそういう覚悟を持って引き受けるもの」(20)

このように一流になればなるほど、責任感を強くもって臨んでいます。そして、どんなときも「やってのけて成功までもっていく」という実力こそ、一流と二流を分ける力の差なのです。

さらに大川総裁は、以下のように述べています。

「立場相応《そうおう》に公人になっていく」という経験は、人間にとって、めったにあるものではありません。また、それに関しては、誰からも教わりませんし、教科書も

ないので、自分で判断しなくてはなりません。しかし、「私《わたくし》」のほうを滅していかなくてはならない面が、どうしても出てくるのです。

（『忍耐の法』201・202ページ）

まずは、「成長と同時に公人化していく」ということを、自分で心に思うことが大事です。心に思えば、そのようになっていきます。

（『「成功の心理学」講義』137ページ）

唐沢寿明の守護霊は、次のように語っています。

だから、学歴もなければ、職歴も大したことがない人であっても、「スクリーンに映って、いちおう、大勢の人に影響を与えている」っていう意味では、公人なわけなので、当然、その私生活も見られてるし、見られてもしかたがないところはあるわね。

★★★★★★★

そういう意味で、私生活であっても、演技の部分が、完全にないとは言えない。言い切れない。

※唐沢寿明守護霊（『イン・ザ・ヒーローの世界へ』93ページ）

★★★★★★★

ＴＶは１パーセントの視聴率で約百万人が観ているともいわれます。また、映画がヒットすると数百万人もの人々が観ることになります。俳優・タレントは大きな影響を与え得る立場であり「公人」なのです。

２０１２年には、モデルやタレントなどの芸能人が、詐欺商法を行っていたオークションサイトから依頼され、そのサイトを利用していないにもかかわらず、さも利用したかのように装った記事を自身のブログにアップして大問題になりました。この問題についてさまざまな報道がなされましたが、公人としての意識が足りなかった点がその本質でしょう。

人気が出て影響力が高まれば高まるほど、公にどのような内容を発信するかということに、責任が生じてくることを自覚しましょう。公人としての影響力をどう使うかは、その人の考えや価値観、思想によるところが大きいのです。したがって、正しい宗教的価値観を身に付け、人々を間違った方向に導くことのないよう、よく勉強をして教養や見識を磨かねばなりません。

3．チャンスをつかむ

オーディションに受かる

新人が大きな役を勝ち取るための関門は、やはりオーディションといえるでしょう。オーディションにどのように臨むかによって、あなたがチャンスをつかみプロとしてデビューできるかどうかが決まります。

また、俳優・タレントとして活躍するキャリアの途中で、例えばハリウッドに進出するなど、より大きなチャンスをつかむためにも、オーディションに受かる必要があります。

大川総裁は、成功した自分の理想像を描くことの重要性について、以下のように述べています。

成功するためには、まず、心のなかに、成功した自分の理想像を描かなければなりません。

列車であろうと飛行機であろうと、必ず目的地があります。目的地があるからこそ、それに向かって前進することができるのです。

（『繁栄の法』172ページ）

イメージの持続ということですが、このとき、視覚的に見えるようなビジョンがありありとしていればいるほど、成功の可能性が高いのです。自分が何を希望

しているのかということを、まずはっきりさせる必要があります。それがはっきりしない人は、視覚化し、ビジョンとして描くことはできません。

（『繁栄の法則』123・124ページ）

第11回全日本国民的美少女コンテストで、モデル部門賞およびマルチメディア賞に輝いた経験をもつ武井咲は、TVドラマ「大切なことはすべて君が教えてくれた」（2011）において、参加者800人のオーディションを勝ち抜き、準主役として月9初出演を決めましたが、そのときのプロデューサーが彼女の魅力を「武井さんが素晴らしかったのは意志の強さを感じさせる〝眼〟でした」(21)と語っています。その後、映画「愛と誠」（2012）やTVドラマ「戦力外捜査官」（2014）、映画「るろうに剣心」など、次々と話題作に出演しています。

人気モデルの道端ジェシカも、「私もこれまで、イメージングの力を活用してきました。そして、夢を叶えてきました」と語り、さらに「野心」という言葉を使って著書の中で以下のように語っています。

「私自身は野心があるほうだと思います。特に、20代前半くらいまでは今以上に強かったです。これは、もともとの性格も多少はありますが、モデルという職業の影響が大きいように思います。モデルの仕事は、オーディションによって決まる場合が多々あります。そのときどきでオーディションの参加人数は違いますが、100人、300人というときも。そのなかで勝ち残ってはじめて、仕事をもらえるのです。（中略）野心を持っているモデルは目立ちます。放っているオーラがまったく違います。また、野心があるということは、『私はこういうモデルになりたい』『こんな仕事をしたい』というビジョンが明確だということ。ビジョンがあれば、仕事に取り組む姿勢も積極的になります。そのため、モデルとして成功するためには、野心を持つことが大切だと私は考えています」(22)

また、アメリカの映画俳優・映画監督のジョージ・クルーニーは、初めの頃はオーディションに落ちてばかりだったそうですが、「プロデューサーの立場に立って考え、自分がプロデューサーの抱える問題を解決すれば良い」と気付いてから状況が一変したそうです。自分を認めてもらおうとするのではなく、プロデューサーの要望に応えられる自分になるように努力したことで、現在の俳優としての地位を確立することができました。

このように、オーディションをする側のニーズを考えることで、何かヒントがつかめることもあるでしょう。監督や観客の方々に喜んでいただけるビジョンを明確にもった上で、「その演技ができる自分になる」というイメージングをして臨むことが大切です。

魅力的なオーラを放つ

スターに欠かせないもの、それが「オーラ」や「存在感」であることは、万人が認めるところでしょう。アクターズ・スタジオで芸術監督を務め、メソッド演技法を確立した演技指導者のリー・ストラスバーグは、その教え子のひとりであるマリリン・モンローについて「彼女の写真写りは、超自然的と言ってもいいくらいの存在感だった」と語っています。

大川総裁は、オーラについて以下のように述べています。

ある人が部屋に入ってくると、急にまわりがパッと明るくなることがあるでしょう。常に「まわりの人びとを幸福にしよう」という思いで満ちている人からは、後光がずいぶん出ています。そうした人が入ってくると、パッと明るくなるのです。プラスの思いを持ちつづけることを習慣にしていると、それが一定の実力となり、現象となって現われてくるわけです。

（『人を愛し、人を生かし、人を許せ。』41ページ）

人間はなかなかその内なるものを隠すことができない。内面の力は必ず外に出

てくるものである。その意味で、俳優も、セリフ以外に無言で何かを伝えてくるオーラのようなものがある。

（『人間力の鍛え方』まえがき）

オーディションなどでチャンスをつかむためには、魅力的なオーラを放てるようにならなくてはいけません。そのためにはまず自らの内面を掘り下げ、心を美しく磨き上げることが重要です。武井咲の守護霊は、オーラについて以下のように語っています。

夢を与えるというか、希望を与えるというか、野心を与えるというかね。そういう望みを与えることが、私のオーラなんです。私のオーラ論はこういうことなんです。

※武井咲守護霊（『時間よ、止まれ。』115ページ）

ＡＫＢ48のプロデューサーである秋元康は、田原総一朗との対談の中で絶対的エースといわれた前田敦子について、田原より「彼女（編集注：前田敦子）は、しゃべりもあまり得意ではなかった。センターには向かないでしょう？」と聞かれ、以下のように答えています。

「しゃべりは全然ダメです。ただ、それでも彼女をセンターにしたのは、前田敦子っていう子には、やっぱり天才的なオーラがあるんです」(23)

モーニング娘。やＡＫＢ48など、数多くのアイドルを指導してきたダンスインストラクターで振付師の夏まゆみは、ＡＫＢ48のダンス指導について、「『目からビーム、手からパワー、毛穴からオーラ！』という言葉を使うようになってから、みんなの動きがガラッと変わった」と語っています。この言葉は、ＡＫＢ48ファンには合言葉として親しまれていますが、夏まゆみは大原則がぎゅっと詰まった言葉だとして、以下のように解説しています。(24)

目からビーム：眼力のビームでお客さん一人ひとりに気持ちを届けよ！
手からパワー：手のひらからパワーが出るように、指先にまで意識を集中せよ！
毛穴からオーラ：周囲の空気を包み込んでオーラに変え、身体全体から放出せよ！

心を美しく磨いて人を幸福にしたいという念いをもち、さらにそのメッセージをひとりでも多くの人に届けたいと願って演技することが、スターにとっては不可欠のオーラを放つことができるようになるための秘訣でしょう。

差別化を図る

他の人と同じことをしてもオーディションには受かりません。自分らしさを発揮したり、他の人がもっていない芸を磨いたりしておくことが大切です。
大川総裁は、差別化をすることの重要性について以下のように述べています。

個人でも、小さな会社でも、お店でもそうですが、「生き延びるための基本戦略」は、やはり「差別化である」ということです。

（『希望の経済学入門』50ページ）

また、香川照之の守護霊も次のように語っています。

やっぱり、オーディションっていうのは、ほかの人と「差別化」しなきゃ絶対駄目なんだから。ほかの人が絶対やらないところをチラッとやらなきゃ、受からないわけですよね。

※香川照之守護霊（『俳優・香川照之のプロの演技論』100ページ）

深田恭子は、ホリプロタレントスカウトキャラバン2012を受ける人へ先輩としてのメッセージを問われ、雑誌のインタビューで次のように語っています。

「〝自分らしく〟ということが一番じゃないかと思います。とにかく一生懸命に頑張っている姿が美しいと思うので、私も楽しみにしていますし、受ける人にも、もちろん頑張っていただきたいですし、（テレビで）ご覧になる方も、（その姿を見て）何か希望をもらえるんじゃないかと思います」(25)

岡田准一の守護霊は、武術をマスターして差別化を図ったことを、以下のように語っています。

まあ、「かわいい男の子」っていうイメージはあったと思うんだけども、実際に、いろんなドラマ・映画等で主役を取るには、私も体格はそうずっといいほうでもございませんので、せめて武術のようなもので「キレ」を見せるなり、気迫とか精神力のようなもので「違い」を見せるなりですねえ……。

トム・クルーズさんは、体が大きな方ではないけども、難しい演技をやっておられますからね。あのへんは、鍛え方かなという感じはしてたので、「もう一段、鍛え直さなきゃいけない」ということで、ハリウッドの一流スターが格闘シーンをやるために鍛えるところで、自分も訓練を受けてやったら、日本でやっても、「SP」という映画自体は……。まあ、ハリウッド（のスタッフ）も、CGとか多少協力してくれたんですけども、「ハリウッド並みの迫力のある映像が撮れた」ということで、かなりの評価を受けました。だから、「転機になった」というのは、そのとおりですね。

※岡田准一守護霊（『人間力の鍛え方』38-39ページ）

数々の日本人俳優をハリウッド映画のオーディションに送り出してきた奈良橋陽子も、以下のように語っています。

「もちろん演技力は常に磨いていなければいけないと思いますが、特技があればそれだけ可能性は増えます。乗馬、アクション、楽器の演奏、ダンス……。また日本人の役者であれば、着物の着付けや日本舞踊、殺陣などを要求される場面が必ず出てくると思います」(26)

さらに、彼女は英語の重要性についても言及しています。

「英語ができれば、世界が広がります！　もしも俳優であれば、英語が話せたら、海外の映画のオーディションに挑戦したり、国際的な役に抜擢されたりする可能性が広がります。それなら、必死になって英語を習得しようと思いますよね」(27)

ＨＳＵでは英語教育に大変力を入れています。芸能・クリエーター部門専攻コースでは、英語演技のレッスンも行う予定です。大川総裁は、英語を学び世界へ発信することの重要性について、以下のように述べています。

★★★★★★★★★★★★

今、世界に言語はたくさんありますが、世界語と言える言語は、今のところ英語しかありません。英語でカバーできない国もあることは事実ですけれども、まずは、「英語ができる」ということが、日本語以外の世界に出られる第一歩だと思います。

（『幸福の科学学園の目指すもの』34ページ）

★★★★★★★★★★★★

外見が格好よく美しい人は、いつでも代わりがいます。しかし、あなたにしかできない技能や、あなたにしかできない表現があるのであれば、それが他の俳優・タレントとの差別化になります。何らかの技能や芸を身に付けておくことで、唯一無二の魅力や新しい価値が創造されることを知っておきましょう。

度胸の良さ

オーディションにおいては、一瞬の判断と機転で相手にどのような印象を残せるかが、運命の分かれ目となることがあります。度胸の良さで乗り切っていかなければならない場面が必ず出てきます。

大川総裁は、「度胸」について以下のように述べています。

* * * * * * * *

最後は度胸が必要です。これもまた、人生の勝負に勝つ方法だと思います。

* * * * * * * *

北川景子の守護霊は、自身のオーディションでの体験を振り返って、次のように述べています。

（『常勝の法』162ページ）

実力があったとしたら、その、本当は芋版を彫るのは生まれて初めてだったのに（笑）、「彫れます」と啖呵《たんか》を切って、短時間の間に目の前でやってみせたっていうところの、「度胸のよさ」みたいなのを買ってくれたのかなと。

※北川景子守護霊　（『女優・北川景子 人気の秘密』58ページ）

度胸というものはまた、俳優・タレントには付き物の、プレッシャーや緊張に強くなるということでもあるでしょう。

小川知子は著書の中で、「私は自慢ではないが、このプレッシャーには人一倍強い。圧迫されればされるほど、力が湧きあがってくるのだ。目も心も、一点に集中してくるのが自分でもわかる。これは、歌手時代に身につけたところが大きいと思う。そして、それは役者の仕事にも大きく役立っている」(28)と、実体験からプレッシャーに打ち克つ重要性について語っています。

マドンナも、「自分に自分でプレッシャーをかけるの。他人のプレッシャーにはびくともしないわ」と言っているように、プレッシャーに打ち克つだけの心の強さや度胸があればこそ、今まで精進し高めてきた演技力を存分に発揮していくことができるのです。

あきらめない

もしオーディションに落ちてしまっても、自己卑下する必要はありません。相手が求めている役があなたには合わなかったのだと考え、何度落ちてもあきらめない強さが必要です。

唐沢寿明の守護霊は次のように述べています。

★★★★★★★★★★★★★★★★★★★

オーディションで勝ったり負けたりすることもあるし、何か一つのドラマに出たときに、役柄はいろいろありますから、自分が主役じゃない役になることもあると思うけども、あまりにも嫉妬心やライバル心が強すぎると、そういうときに、「相手を立ててでも、うまくやっていける気持ち、おおらかな気持ち」がつくれないのでね。

だから、自己卑下する必要はないと思う。自己卑下する必要はないけども、やっぱり、打たれ強くないといけないと思う。「オーディションに落ちても、めげない強さ」が大事なんじゃないかな。

※唐沢寿明守護霊（『イン・ザ・ヒーローの世界へ』117ページ）

★★★★★★★★★★★★★★★★★★★

アカデミー賞をはじめ数々の賞を受賞している映画俳優のデンゼル・ワシントト

ンは、2011年にペンシルベニア大学で卒業生に向けて行ったスピーチで、「私はオーディション会場を出て、次のオーディションに向かいました。そして次のオーディションへ。受かるよう何度も何度も祈りました。しかし私は役に落ち続けました。落ちて、落ちて、落ちて、落ちまくりました。でもそれは問題ではありませんでした。どうしてかって? 古い諺《ことわざ》にあるように、床屋で辛抱強く待っていれば、いつかは自分の髪を刈ってもらえるからです。運は巡って来ます。そして、私はその運を掴《つか》みました」(29)と語っています。

また、奈良橋陽子は、オーディションの心構えについて、以下のようにアドバイスしています。

「オーディションの結果に、過剰に一喜一憂する必要はないと思います。ジョージ・クルーニーは、『結果は絶対わからないから、その過程を楽しめ!』と言っています。彼はいまやトップスターですが、売れない時期が長かったのです。オーディションに充分準備をして臨んだのなら、その時は落ちたとしても、キャスティングする側に自分という俳優を見てもらったという事実は決して無駄になりません。監督やプロデューサーは一人の役者を探しているのです。批判したり貶《おとし》めたりするためにその場にいるのではありません。選ぶほうからしても、オーディションで良かった人のことは必ず覚えているし、別の作品でその人に合うような役があった場合、次のオーディションに呼ぶことがあるのです」(30)

北川景子がインタビューで「神さまは絶対見てくれていて、誰にでもチャレンジするチャンスを与えてくれると思うんですね。今、悩んでる子にもこの先チャンスはあるし、それがダメだからって神さまは絶対見捨てない」(31)と語っているように、どんなときも希望を捨てないことです。

本章では、プロフェッショナルの心構えについて見てきました。次章では、具体的な演技力向上法について学んでいきます。

コラム

〝スター誕生の瞬間〟に立ち会う

ロック路線への転向で大ヒット

1983年春のことです。

「武道館ライブをやることになったので、当日来てくれたファン全員にプレゼントする記念ビデオをつくりたい」

当時は、まだ一般的には無名のバンドだったTHE ALFEEのマネージャーの関口登氏から、そんな仕事の依頼がありました。

ヒット曲がなかった彼らですが、彼らの一番のファンであった関口氏が10年間にわたって彼らを支え、ずっと全国を巡るライブ活動をしていたので固定ファンが付いていたのです。

私はあるアイデアを思い付きました。当時の彼らはフォークグループとしてのイメージが強かったのですが、メンバーのひとりである高見沢俊彦が、ロックが好きであることが分かったため、ロックバンドにイメージチェンジをしたら良いのではないかと思ったのです。

私は「思い切ってロック路線を前面に打ち出してみたらどうか」と高見沢に提案し、彼らの曲の中で最もヘビーなロック調だった「ジェネレーション・ダイナマイト」（1983）という曲のPVをつくり、その映像をおまけとして記念ビデオに付けたのです。まさに狙い通り、一気にフォークグループのイメージが払拭されるとともに、新曲「メリーアン」（1983）がその年の夏に大ヒット。THE ALFEEは世に知られるところとなりました。

ちなみにTHE ALFEE初のPVにおいて、マーシャルアンプ（音響機器）を積み上げて壁をつくり、その上で高見沢にギターを弾かせるという演出をしたところ、本人たちがえらく気に入って、それから彼らのライブではマーシャルアンプが積まれるようになったというこぼれ話もあります。

スケールと迫力のある映像を

驚いたのはマネージャーの関口氏です。

「10年間何をやっても売れなかったのに、小田さんと仕事を始めたら急に売れた！　こういう縁は大事にしたい」と言ってくれたのです。

そうしてヒットを出してから5年間、代表曲の「星空のディスタンス」（1984）をはじめとする、THE ALFEEの人気絶頂期のライブビデオの制作すべてを担当させてもらいました。

それからの彼らの勢いはすごかった。横浜スタジアムでコンサートをやったと思ったら、日本で初めての野外10万人コンサートを開催。毎年どんどんスケールが大きくなるライブを撮影するのは本当に楽しい経験でした。どうしたらスケール感のある迫力ある映像が撮れるかと毎回試行錯誤しました。

例えば、野外10万人コンサートでは、空撮のためのヘリコプター1機、カメラ

15台、さらにクレーンを7台持ってきてレールに乗せました。そして、それらの機材を用いて、すべてのカメラを動かしながら撮影するという手法を採りましたが、これは当時としては画期的な撮影スタイルだったと思います。

この経験は幸福の科学へ奉職した後に、東京ドームでの大川総裁の大講演会のときの演出や撮影技術として生きたことは言うまでもありません。

新しい時代のスター

他に思い出深いのは中山美穂のPVを撮影したこと、光GENJIのPVを撮影したことでしょうか。光GENJIのデビュー曲「STAR LIGHT」（1987）のPVを手掛けたとき、業界関係者の下馬評は低かったのですが、私は「この曲は絶対にヒットする」と確信しました。

当時は光GENJIも無名だったので、渋谷のスクランブル交差点に立たせて撮影するなどしましたが、その後あっという間に売れっ子になってしまい、3カ月後に会ったときには、外での撮影が不可能なほどになっていました。その後、ハワイで光GENJIの販売用ビデオ「太陽がいっぱい」（1988）を制作しましたが、このビデオは30万本売れて当時の日本での最高記録となりました。

現在は幸福の科学において、宗教的価値観をもった新時代のスターの輩出を願って、日々仕事をさせていただいています。

私が担当している幸福の科学のスター養成スクール出身者で、現在ニュースター・プロダクション（NSP）に所属している雲母《きらら》という女優がいます。2012年に映画「ファイナル・ジャッジメント」で車椅子から立ち上がる奇跡の少女役でスクリーンデビュー、2013年にはTVドラマ「ウルトラマンギンガ」シリーズの久野千草役に抜擢されました。

今年2015年8月には、大川隆法総裁製作総指揮による映画「天使に〝アイム・ファイン〟」（2016年春公開予定）の主役として1カ月半の撮影に挑み、見事に主演映画の撮影をやり遂げました。この作品には他にも、ＮＳＰの女優陣が総出演しています。

さてＨＳＵでは、どのようなスターが生まれてくるでしょうか。新しい時代のスター誕生に立ち会う日が来ることを確信しています。

雲母（きらら）

コラム

知っておこう！「世阿弥」

～スターの魅力＝〝花〟を追求した芸能の大家

「芸の上達」や「人気の獲得」について理論化

世阿弥は室町時代に活躍した能の大家です。世阿弥は能を大成させ、今日までに続く能の基礎をつくったばかりでなく、『風姿花伝《ふうしかでん》』『花鏡《かきょう》』といった優れた芸能の理論書を残しました。約600年も前に執筆された書物に、スターの心得やプロの演技論が理路整然と書かれているのですから驚きです。

その中には、演技者としての修行方法や修行段階、作品制作や舞台全般に関する指南など、幅広く芸

現在も神社・仏閣で開催されている能

の道についての理論がまとめられており、現代の芸能人や演劇関係者にも大きな影響を与えています。代表的な著書は英語をはじめとする外国語にも翻訳されて、日本のみならず世界中で読まれています。

世阿弥の言葉で最も特徴的なものに「花」があります。花は演技の美しさや魅力、感動を表した言葉だとされていますが、「人気を集めるスター性」と考えてもいいかもしれません。国文学者で専修大学文学部の石黒吉次郎教授は著書の中で次のように述べています。

「キー・ワードはよく知られている通り『花』であり、『時分の花』『一旦の花』ではなく、永続性のある『まことの花』を修得することがこの書（編集注：『風姿花伝』）のテーマであるといえる」(32)

能というと格式高い伝統芸能のイメージがありますが、世阿弥の時代、能はむしろ現在の映画のような人々の娯楽でした。ライバルの劇団（座）が多数存在する中で、民衆や貴族、将軍の評価を勝ち得ていかねばならず、「立合勝負」という他座の役者との競争的な競演を行うことも珍しくありませんでした。

　こうした真剣勝負の中で生き残るために、理論が構築されていったと指摘する学者もいます。芸の美しさはもちろん、人気や魅力を求め続ける姿勢がより一層強まったであろうことは疑いようがありません。

　世阿弥はまた、「秘すれば花」という有名な言葉も残しています。これは観客に「あっ」と言わせる演じ方や効果のことであり、そうした奥の手があることを秘密にしておくことで、それが花（魅力）になるというものです。

　私は、この世阿弥の「秘すれば花」という教えは、「どんどんイノベーションしていきなさい」という意味に捉えています。「まだ見せていない、とっておきのものをひとつ用意しておきなさい。でも、それを見せたらもうそれは古くなってしまうから、どんどん新しいものを取り入れたり、組み合わせたりしながら、いつも秘密の花の部分をもっておきなさい」と、こういうふうに解釈できるのではないかと思うのです。これは芸能の世界だけでなく、あらゆる業種に適応できる教えといえるでしょう。

「仏教的悟り」や「霊的視点」が垣間見られる

世阿弥が完成させた能のスタイルに「夢幻能《むげんのう》」があります。神や精霊、幽霊といったこの世ならざる存在が登場し、夢の中などで人間と交流するというものです。亡くなった人の思いや神仏の御心が語られ、時空を超えた夢幻的な世界が現れる――こうした点を「映画的な手法だ」と分析する学者もいます。

夢幻能は、神仏やあの世が存在するという霊的真実を如実に表している舞台表現であるといえるでしょう。この世ならざるもの、〝現実〟ではありえないような世界をも表現できるのが、映画やＴＶドラマ、演劇の醍醐味のひとつなのです。

石黒吉次郎は、世阿弥が完成させた神仏や精霊などが出てくる「夢幻能」について、「もともと芸能は、神や霊を呼び出す神事から発達した面もあるが、世阿弥は最大限にそれを芸術化したといえる」(33)と述べています。

また、世阿弥は「離見《りけん》の見《けん》」という心境について語っています。これは、舞台上の自分を自分自身で客観視できている状態のことです。熱心に演じている自分がいる。それを客席で見ているもうひとりの自分がいて、自分も含めた周りの世界を同時に冷静に見ている。これはもう達人の境地です。

幸福の科学の教えと照らし合わせると、守護霊の目で自分を見ていることなのかもしれませんし、仏教でいわれる「大円鏡智《だいえんきょうち》」という宗教的な悟りの境地に通じるものを感じます。世阿弥は私自身も尊敬する偉人のひとりであり、ＨＳＵが目指す新しい芸能のモデルを創る上で、大いに参考になると考えています。

第3章

演技力向上法

1. 基礎づくりをする

土台から柱へ

劇作家で日本劇作家協会理事などを務める桐朋学園芸術短期大学の鴻上尚史《こうかみしょうじ》教授は、「俳優は技術職である」とズバリ指摘しています。このように、演技をひとつの技術・技能として考えることで、具体的な努力への道が見えてきます。

大川総裁は、プロの実力について以下のように述べています。

★★★★★★★★★★

どの世界でも、プロとアマの実力の差は歴然としています。プロというのは、プロとしての気概を持っているだけではだめで、気概のほかに技能が必要であり、技能のほかに、また経験も必要になります。

(『「釈迦の本心」講義』24ページ)

★★★★★★★★★★

土台から柱へ、内から外へ、ということをだいじにしております。なぜならば、砂上の楼閣というのは、いくらりっぱに見えても一瞬のうちに崩れていくからです。

（『幸福の原理』127ページ）

香川照之の守護霊は、基本動作について次のように語っています。

私が練習するんだったら、死体の役、通行人の役（笑）、あるいは殺される役、殺す役。このへんの基本動作は、やっぱり、やらないといかんね。だから、笑う、泣く、それから、動く。まあ、いろんなものがあるし、あとは、意志力と肉体鍛錬で、役柄づくりのための地ならし訓練をやれるか。

※香川照之守護霊（『俳優・香川照之のプロの演技論』149ページ）

バラエティー番組などに出演しているタレントの勝俣州和《かつまたくにかず》も、「20代では大将

（編集注：萩本欽一）に基礎をみっちり教わりました。その土台が今につながっている。手を抜かないで本当によかったと思っています」[34]と言っています。

野球でいえば、キャッチボール、素振り、体力づくりなどの基礎訓練なくして名プレイヤーが生まれないように、演技においても基本を身に付けることなくして名優は生まれません。まずは徹底して俳優としての基本動作を身に付けましょう。

さらに大川総裁は、以下のように述べています。

芸道においても、ひとかどの役者、俳優となるには、芸に一心に打ち込まなければなりません。

（『釈迦の本心』229ページ）

下積みが長いから駄目だとは必ずしも言えません。やはり、「その部分に味がある」「その部分が徳に変わる」ということは知っておいたほうがよいと思います。

（『女性らしさの成功社会学』105ページ）

名優といわれる人々は、例外なく、陰での努力精進を惜しんでいません。下積みの時代の長さは人によって違いますが、もし長かったとしてもそれは徳に変えるチャンスであるといえます。

若い頃から活躍している深田恭子も、次のように語っています。

「10年後のことは分かりませんが、今日よりも明日、明日より明後日、というふうによくなっていきたいですね。一日一日を大事にする気持ちが積み重なって歴史が刻まれたローマの街のように、自分も、目の前のことにひとつひとつ丁寧に、精一杯向き合って年を重ね、みなさまにはそのときそのときの〝今の私〟を見ていただけたら、それは本当に嬉しいことですね」(35)

また、ステラ・アドラーによると、スタニスラフスキーは亡くなる数年前まで発声訓練をしていたといいます。

「パリで彼に会った時、こうおっしゃったのよ。『会うのは午後にしましょう。朝は二時間、発音の練習をするのでね』って。当時七〇代、モスクワ芸術座の座長である彼が、亡くなる二年前でも練習をしていたの」(36)

演技における基礎訓練は、俳優をしていく上で欠かせない、一生を通じた修行といえるでしょう。HSUでは、演技実技や英語演技などを中心に、発声、日本舞踊、ジャズダンス、バレエなどの授業を用意しています。ぜひ手を抜かずに精進していただきたいと思います。

肉体鍛錬と自己管理

肉体鍛錬は俳優にとって必須のものです。ピアニストが毎日欠かさずレッスンをするように、俳優は自らの肉体をよくメンテナンスして体力と体型を維持し、体の「キレ」が落ちないようにしておく必要があります。

さらに日本舞踊や格闘技などができれば、時代劇やアクション映画に出演できる可能性も広がります。

岡田准一の守護霊は次のように述べています。

格闘技をやったことによって、「目力《めぢから》」とか、「気迫」とかを出すことができるので……、そうした目力や気迫の部分は、主役を張っていくためには、ある程度、必要な部分なんですよね。相手に気圧《けお》されるというか、押されるような感じであっては駄目なので、やっぱり、自分から出ているオーラみたいなものが、周りを圧倒していかなければいけないんですよ。

※岡田准一守護霊（『人間力の鍛え方』41・42ページ）

岡田准一は著書の中で、「僕が格闘技を始めたきっかけはドラマの『ＳＰ』。（中略）なぜ続けられているのかといえば、結局は〝楽しいから〟なんだけど、仕事面では、カラダを動かす技術を持つ俳優になりたいという理由もある」(37)と語っています。

こうした肉体鍛錬の部分は「仕込み」であり、映画やTVドラマに出たときに、観客は違いを感じ取ります。もし表情だけのシーンであっても、日頃の努力精進によって蓄積された力がパワーとして表れてくるのです。

さらに大川総裁は、健康維持や自己管理の重要性について、以下のように述べています。

私も、同業ではありませんが、人前で説法していますから、すごく敏感ですよ。「調子を崩さない」ということは非常に大事なことで、日頃の体調管理や喉の管理が、やはり、仕事にずばり出てきますので、その辺は、努力に努力を重ねなければいけません。先輩たちも、やはり、皆いろいろな努力をしていますので、それをやらないと、まず喉が悪くなり、潰れてきたり、声が悪くなったりしてきま

すよね。だからその辺は、皆いろいろな企業秘密を持っていますので、努力すべきですね。

（2008年4月19日法話「青年との対話」）

北川景子の守護霊は、次のように述べています。

メイクだけでは補えなくなるので。単なる減量だけでは駄目なので、いいものを食べて太らないことが大事です。栄養素のバランスが取れていたら、必ず美貌《びぼう》につながってくるので。

まあ、ここのところは、やっぱり〝企業秘密〟。必ず、「個人の秘伝」みたいになると思うので、難しいでしょうけど。うーん、何ていいますかねえ……。どういう運動なり、体の鍛錬なりを上手に入れ込むかということが大事かとは思いますけど。

これをやらないと、例えば、撮影なんかでも、「念が切れずに、夜中まで撮影に耐える」っていうようなことは、かなり難しいと思いますね。耐えられないんじゃないかなあ。

※北川景子守護霊（『女優・北川景子 人気の秘密』２１１‐２１２ページ）

★★★★

厳しい自然環境で数多くの撮影をしてきた高倉健は、自己管理を徹底していた俳優のひとりです。

「病気とケガが一番怖い。熱が出て顔が真っ赤になっただけでもフィルムに映ってしまうから、俳優にとって健康の管理は重要です。体をこわしてスケジュールをくるわすと、相手の俳優さんにもスタッフにも悪い。風邪をひこうが下痢をしようが、主役は『今日はやらない』とは言えません。休むことになったら、最初からスケジュールを組み直さなきゃいけなくなる。お相撲さんと俳優を一緒にしちゃいけないけれど、ケガする人は駄目ですね。横綱で名を残した人に病気がちの人、ケガばかりしている人はいないでしょう。僕は八甲田山、南極、北極……、といろいろなところでロケをしましたが、撮影が中止になるようなケガや病気をしたことは一度もない。（中略）ロケに行くと、水が変わり、食べ物が変わり、寝る所が変わります。けれども俳優はどんなところへ行っても、いつもの自分で、しかも平常心でいなきゃいけない。それには気を使います。だから僕は南極や北極へは水も食べ物もすべて用意していきました。自分が普通の状態で演技ができるように」(38)

ハリウッドデビューが決まっているローラは、モデルを始めた16歳のときから10年にわたって、夕食で炭水化物を取らない生活を続けているそうです。ジムに週3〜4回は通い、サラダを先に食べるなど食べる順番に気を付けているといいます。

このように、俳優・タレントは体が資本であり、体づくりは最も重要な基礎づくり、土台づくりのひとつといえるでしょう。プロとして多くの人々を感動させることのできる人は、隠れた企業努力をしているものです。特に女優にとっては美を維持することは真剣勝負であり、肌を美しく保つ努力やプロポーションの維持、体重管理をする必要があります。

また、詳しくは『HSUテキスト4 基礎教学A』や『新時代のクリエイティブ入門』に譲りますが、反省や瞑想によって心のケアやストレスマネジメントをすることも重要でしょう。

人間観察力を磨く

演技をする上で必要な力は、もちろん体力だけではありません。多くの人がそう語っているように、「観察力」が非常に重要であるといえます。役になり切るために、「何がその職業の雰囲気をつくっているのか」を、観察によって見抜く力を身に付けなければなりません。

大川総裁は、香川照之について以下のように言及しています。

★★★★★★★★★

映画「あしたのジョー」のトレーナー役で、「立て！ 立つんだ！ ジョー！」

★★★★★★★★★

と言っているのは、香川照之という俳優です。(中略)
私は、その映画を観ていて、「これは香川照之かな。それとも別人かな」と思ったのですが、最後の字幕を見たら彼の名前が出ていたので、「やはり、そうだったのか」と思いました。そのくらい、演技の変わり方がすごいのです。
正岡子規をやり、岩崎弥太郎をやり、「あしたのジョー」のドヤ街のジムのコーチをやり、それから「SP」という映画では政府の幹事長の役をやり、最近のテレビドラマでは、犯罪者として追われている医者の役をやっています。(中略)
時代劇であろうと、何であろうと、いろいろなことについて知識や関心を持っていなければ、よい演技はできません。経験も要りますし、知識も要りますし、それと同時に、人間観察力も必要です。いろいろな職業の人間を、じっと観察する力がないと駄目であり、実は、それも勉強のうちなのです。
(『教育の使命』99・100ページ)

香川照之の守護霊は次のように述べています。

いろんな業界の方に、「どんなお仕事をなさっているんですか」と訊く。「銀行では、どんな仕事をしてるんですか」とか、あるいは、スポーツ選手なら、「スポーツ選手として、どんな役をしているんですか」とか。（中略）

警察官だって貴重な役ですね。警察ものは、よう流行るからねえ。「刑事《デカ》の役」と「捕まえられる役」は、両方、非常に大事ですから。そういう役柄の練習もあるけども、「実体験の職業としては、どんなものなのか」っていうところを勉強することが大事だね。

※香川照之守護霊　（『俳優・香川照之のプロの演技論』158-160ページ）

株式会社映画24区代表で演出家の三谷一夫は、『俳優の演技訓練』の冒頭で「徹底した人間観察を」と題して、アカデミー賞主演男優賞を受賞しているハリウッド俳優のダスティン・ホフマンの観察力について語っています。

「ダスティン・ホフマンは20代に、ニューヨークのソーホー地区の交差点にあるガラス張りの喫茶店でウエイターをしながら毎日人間を観察したそうです。学生、金融マン、美術家、モデル、観光客、マフィア、ヒモ、麻薬の売人、TVキャスター、変態サラリーマンなどありとあらゆる職業、階級、人種の中で交差点を歩く人、信号を待つ人やタクシーの運転手などを見るマンウォッチングの訓練を続けました」(39)ハーバード大学で心理学を学んでいたハリウッド女優のナタリー・ポートマンも、「心理学では人を観察することを学ぶの。地下鉄に乗っている人を見て、彼らのモチベーションは何かを想像したり、彼らの希望や失望を考えてみたりするのよ。演技でもまったく同じことが必要なの」(40)とインタビューで答えています。

ひとつの職業に5年間就いていると、説明されなくても何の職業か分かるといいます。学校の先生であれば学校の先生の雰囲気が出てきます。魚屋さんには魚屋さん、政治家には政治家の立ち居振る舞いや話し方があります。

俳優にとってはまさに「我以外皆我師」です。日々の生活の中でさまざまなものを見ているはずですから、「自分がその役をするときにどうするか」という観点から日々を過ごし、人間観察力を養いましょう。

名優の演技を観る

学ぶことは真似ることでもあります。名優と思われる先輩たちから演技を学ぶ「見取り稽古《げいこ》」も大事にしましょう。これもある意味では観察力のひとつでしょう。

唐沢寿明の守護霊は次のように述べています。

新しい役柄をもらえるのに、心の準備がないと断るしかないわね。スーツアクターなら、スーツアクターの路線だけで行けるかっていったら、やっぱり、それ以外の勉強をしてなかったら、それ以外には行けない。

やっぱり、夢があって、「違った役もやってみたい」っていう気持ちを持っていれば、それを心掛けていくよね。

まずは「見る」ところから始まるんだけどね。「見取り稽古」っていうやつから始まる。

※唐沢寿明守護霊（『イン・ザ・ヒーローの世界へ』78・79ページ）

すでにいろいろと主演をやられた方々の作品とかも勉強したり、あるいは、自分がもっと出世して、認められるようになったとき、どんな役が来てもいいように、そういう役をすでにやってるような方、かつてもやられたような方の演技とかを観たりするのも勉強なんでねえ。

※唐沢寿明守護霊（『イン・ザ・ヒーローの世界へ』115ページ）

演技指導者のウタ・ハーゲンは以下のように述べています。

「どんな芸術をめざすにおいても、若い頃は必ず、誰かに影響を受ける時期があります。『あの人のようになりたい』と思って真似をすることは、ほとんど反射神経のようなもの。ほとんど無意識に行なう行為です。真の才能があるアーティストは、そうやって影響を受け、また後世に影響を与えていきます」(41)

また、高倉健は名優の演技を自分の演技に生かした経験について、次のように述べています。

「ジャン・ギャバンは食べる芝居もうまい。ワインとチーズのようなシンプルな食べ物を口に運び、自然な感じで食事をしながらも、観客が聞きとりやすいセリフをしゃべる技術を持っている。あの人がものを食べる場面を繰り返し見て勉強したことがありますね。『冬の華』って映画のなかで僕は出所したばかりの男の役をやったんです。アパートのなかでひとりでトーストを焼いて、刑務所のなかでは口にできなかったジャムをふんだんにつけて食べるシーンがあるんだけど、あの芝居にはジャン・ギャバンの影響が出ています」(42)

このようにうまいと思う人の演技をよく観察し、自分のものとして演技の引き出しを増やしておくことが大切です。芸を盗むという言葉がありますが、先輩や名優からその演技を観て学ぶこと、観察して自分の演技に生かしていくこともまた、演技という技能を身に付けるための重要な努力といえるでしょう。

教養を身に付ける

その人がどれだけ幅広い知識や教養をもっているか、あるいは経験をもっているかによって、演じられる役の幅が決まってきます。さまざまな役を演じ続けられる人は、勉強をし続けている人といえるでしょう。

大川総裁は、以下のように述べています。

☆☆☆☆☆☆☆

女優には、高学歴の人は少ないので、学校で勉強をたくさんしたわけではない人も多いと思います。

しかし、社会に出てからも、例えば小説を読み続けるなど、いろいろなものに

☆☆☆☆☆☆☆

関心を持って勉強を続けていると、やはり、芸の幅が広がり、いろいろな役柄を演じられるようになり、役を使い分けられるようになってきます。そして、勉強をしていると、それに合ったような配役が回ってきたりするものなんです。

俳優というものは、頭の悪い人の役も、インテリの役もしなくてはいけませんから、なかなか大変だと思います。

テレビを見ていると、同じ人が、ある番組で上杉謙信の役を演じているかと思ったら、別の番組では刑事の役を演じていたりします。そうするためには、当然、武田信玄や上杉謙信などの歴史ものの勉強もしていなくてはいけないでしょうし、探偵ものや刑事ものなどの本も読んだりしなくてはいけないでしょう。

（『感動を与えるために』95 - 97ページ）

俳優はさまざまな時代背景の中で演技をしなければなりません。例えば、幕末が舞台のTVドラマであれば、幕末の文化や生活習慣の知識がまったくないようでは、役づくりができません。

香川照之の守護霊は次のように述べています。

☆☆☆☆☆☆☆☆☆☆☆☆☆☆☆☆☆☆☆☆☆☆☆☆

もちろん「歴史研究」、時代背景としては現代だっていろんなものがあるから、オフのときにできるだけ、いろんなものを見ておくことは大事だね。（中略）

実体験だけではできないのは……。偉い人の役なんかは、確かに経験がないから分からないけど。私だってさあ、全然経験がないけど、「日銀総裁の役をやれ」と言われれば、そらあ、やりますよ。そらあ、「やれ」って言われたら、やりますよ。総理大臣だってやるし、「暗黒街のボスをやれ」って言われたら、やりますよ。

でも、その背景には、多少なりとも知識とか、そういうものは要るし、業種による知識をちょっとやらないかん。銀行員をやるんだったら、やっぱり銀行についての理解は要るからね。

それをどう勉強するかは、完全に〝企業秘密〟で、みんな各自でやってるわけですよ。

☆☆☆☆☆☆☆☆☆☆☆☆☆☆☆☆☆☆☆☆☆☆☆☆

★★★★★

ものすごい〝企業秘密〟として。

※香川照之守護霊（『俳優・香川照之のプロの演技論』155‐156ページ）

★★★★★

ステラ・アドラーは以下のように述べています。

「『自分探し』のレベルで演技を終わらせている俳優が、最近多いです。そんなの、興味ないわ。もちろん、自分の体験を役作りに生かすことは必要。でも、ハムレットは『オレみたいなヤツ』じゃないことをまず理解しなさい。（中略）今、人物のレベルに合わせた演技ができる俳優は多くない。反対に偉大な人物を、自分のレベルに合わせて縮小してる。（中略）次の言葉を書き留めなさい。『サイズを大きく伸ばす。そのために、今、勉強するのだ』偉大な作品に取り組む時は、その作家の偉大さに見合うことをすべきです。その作家のサイズを知り、その大きさと幅を自分の中に作らなくてはならない」(43)

俳優にとって、小説や歴史書などから、歴史の知識や歴史上の登場人物の知識を得ることはとても大切です。また、総理大臣、日銀総裁、医者や警察官、大学の教授をはじめ、特殊な職業の知識も必要でしょう。特に歴史上の偉人などは、なかなか自分に引き寄せて演じることのできない存在ですから、普段から教養を高めて自分の器を広げていく努力をしましょう。

ここまで基礎づくりについて見てきましたが、これはプロを目指すのであれば、生活習慣として身に付けるべきものです。若いうちから身に付けておけば、それだけ成功に近づくと考えて努力精進しましょう。

2. 作品を解釈する

伝えたいメッセージを理解する

それでは、より具体的な演技の話に入っていきましょう。演技をする上でまず大事なのが、演じる作品（脚本やシナリオ）を解釈することです。鴻上尚史は俳優の仕事を「作者の言葉を伝える仕事」と定義していますが、作品を解釈することが俳優として役をいただいたときの最初の仕事になります。

大川総裁は、以下のように述べています。

要するに、疑問なところ、不可解なところ、理解できないところがないような状態にまでとことん高めることを、「思慧《しえ》」と言うのです。

単に耳から聞いて覚えただけならば、これは知識の暗記になります。これも学習効果はありますし、そうした知識によって、さまざまな判断をしたりもできますが、まだ充分ではないのです。

思索することによって、自分自身のものとすることができるのです。（中略）それを深く考え、それによって自分のものとして身につけていきます。そうすると、また応用も利くようになってくるのです。

菅野美穂の守護霊は、解釈力について次のように述べています。

小説だったら作者がいるし、小説ではない場合でも脚本家がいます。つまり、脚本家が書いたものと、プロデューサーや監督等が合同して、「こんなふうにしたい」っていうのがあると思うんですけど、その製作意図みたいなものが、それぞれの作品によって違いますので、「これをどう解釈するか。そして、その製作意図に合った自分が出せるかどうか」というところだと思うんですよ。（中略）

善人であるべき人が悪人の役を、悪人であるべき人が善人の役をする。これも、とっても難しくて、この心のひだを表すっていうのは、やっぱり、解釈力だと思いますね。やっぱり、解釈力がなければいけない。

小説を読んだり、映画を観たりして、それをどう解釈するか。この深く反芻《はんすう》するよう

（『沈黙の仏陀』167・168ページ）

な力、要するに、牛が、四つの胃で、繰り返し反芻して消化しているような、そういう「反芻力」を持っていないと、その解釈力が出てこないんだと思うんですよねえ。（中略）だから、解釈力だと思うんですよ。それがあれば主役は取れると思います。

※菅野美穂守護霊（『魅せる技術』92 - 99ページ）

ステラ・アドラーは、解釈の重要性を以下のように語っています。

「シェイクスピア。テネシー・ウィリアムズ。あるいはテレビドラマ。どんな脚本を読む時も、演じる前に自分の中に取り込んで下さい。まず読み取ってほしいのは、脚本が伝えようとしているアイデア。そして、それがどのように展開しているのか。ひとつのアイデアを伝えるためにいくつものポイントが連なり、構成されているはずです」「脚本には『これを世界に伝えたいんだ！』という理想やアイデアが含まれている。それを読み取ってほしいんです」(44)

監督の演出に対して、俳優が作品を良くするためにに意見や提案をすることがありますが、しっかりと作品を解釈できていなければそれも難しいでしょう。

渡辺謙がハリウッドで初の主演を務めた映画「硫黄島からの手紙」（２００６）は、日本人の視点で大東亜戦争を描くという作品でした。ところが、送られてきたシナリオは、ハラキリなどのステレオタイプの日本が描かれ、歴史考証が不十分だったそうです。そこで彼は歴史的な事実を徹底的に調べ上げ、台詞《せりふ》の細部に至るまで監督に修正を直談判することを決意。その作業は撮影の最後まで連日のように続いたといいます。

ＴＶ番組の取材で、「今までやった作品の中で最もプレッシャーがかかったのがこの作品」「政治、歴史、戦争、日本人。この４つをどうしっかりクリアしていくか」「間違えたら日本に戻れないという決意だった」と語っています。この映画を監督したクリント・イーストウッドも、「彼は作品に信ぴょう性をもたらす役割も果たしてくれた」とその努力を認めています。

自分の役割をつかむ「5W1H」

「作品を通して伝えなければいけないこと」「監督が描きたい世界観」などをつかむことができたら、次はその中での自分の役割について考えましょう。

香川照之の守護霊は、次のように語っています。

やっぱり、平凡な役者を目指すスタートラインに立ったレベルの基本原則は、「役柄が、どんなものか」、それから、台詞、シナリオ等を勉強して、「監督が描いている作品観はどんなものか」を知った上で、いちおう、いろいろな人が出てくる群像のなかで、自分の役割をちゃんと果たすこと。それができなければ、まずは、使ってくれないですからね。

※香川照之守護霊 （『俳優・香川照之のプロの演技論』130-131ページ）

具体的な方法としては、「5W1H」を意識すると良いでしょう。Who（誰が）、

When（いつ）、Where（どこで）、What（何を）、Why（なぜ）したのか。そして、How（どのように）したのかをよく考えることです。スタニスラフスキーも、この「誰が、いつ、どこで、何を」の質問に答えることなく演技を始めることはしないようにと言っています。これらを理解せずに自分の台詞だけ練習しても、正しい演技はできないのです。

例えば同じ台詞でも、相手が親なのか恋人なのか、誰がそばにいるのかで、言い方はまったく変わってくるでしょう。よく「アクションはリアクション」といわれます。相手役の俳優が台詞を言っているとき、あなたがそちらに意識を向けずに次の台詞を考えていたら、生きた会話にはなりません。

以下のように語ってる演出家、学者もいます。

「私たちは、普段、もちろん主体的に喋っています。誰かに命令されて喋るということはほとんどありません。しかし、実際には、『話す』という行為の中で、相手が自分の言っていることをどれくらい理解しているか、部屋の大きさ、外部からの騒音、聞き手の数などを、潜在意識として気にしながら、話をしています。ですから私たちは、主体的に喋っていると同時に、環境によって喋らされているのです。俳優にとって、『環境』の最大のものは相手役ですが、それ以外にも、舞台美術、照明、衣装など、あらゆるものが複雑に絡み合って、一つの台詞を発語する条件を決定しています」(45)

台詞はキャッチボールのようなものです。相手が投げる球をしっかり受け取ってから自分の球を投げないと会話は成立せず、不自然な演技になってしまいます。「自分はどんな役なのか」「自分の果たすべき役割は何か」「この役はどんな性格なのか」をつかむことが大切です。相手も含めて演じる役が置かれている状況を理解しておくと、台詞が自然なものになります。

徹底したリサーチや調査を

作品を理解し、自分の役割を把握できたなら、あとはどこまで自分の役について掘り下げられるかが勝負になります。

前述の渡辺謙のように、実在した人物の場合は取材や調査、リサーチが必要です。岡田准一守護霊も、映画「永遠の０」で特攻隊員の宮部久蔵役を演じたときのことについて、次のように語っています。

＊＊＊＊＊＊＊＊＊＊＊＊＊＊＊＊＊

あれは、実話ですのでねえ。実際は、空母ではなくて戦艦ミズーリだったようですけど、本当に、ただ一機、砲弾をかいくぐって、敵艦の横のところに突っ込んでいった人が現実にいたわけなんですよね。うん。あれはフィクションじゃないんですよ。それを、演じたんじゃなくて、実際にやってのけた人が現実にいたんですよ。

だから、その人の気持ちを考えたら……。まあ、これは、「乗り移った」と言うのかどうか知りませんけどもねえ、うーん……。迫真の演技と言われるのは、むしろ不本意な感じです。実際に死んでいったわけですから。自分は死んでいるわけじゃないのでね。

＊＊＊＊＊＊＊＊＊＊＊＊＊＊＊＊＊

だから、「その気持ちを伝えてあげたい」という気持ちかなあ。「やむにやまれぬ大和魂」みたいな感じかなあ。まあ、そういう意味での感情移入というか、一心同体のようなものはありました。

マクロ的な「戦争の正義・善悪」については、私も分かりかねるものもあることはあるんですけれども、特攻隊の人たちの気持ちは、やっぱり、うーん……。「出撃したら必ず死ぬ」っていうような……、ほとんど、そういう状況での出撃ですのでね。取材、調査等をするにつけても、もう、痛いように伝わってきたっていうかねえ。私は霊体質だから、特に、ビリビリ、ビリビリと感じてくるんですよねえ。

「自分だったら、どうかなあ」っていうのを感じちゃうので、演技をしていたつもりはないですね。はっきり言って。

※岡田准一守護霊（『人間力の鍛え方』75-77ページ）

アクターズ・スタジオの副学長で、1994年から放送されている大人気TV

番組「アクターズ・スタジオ・インタビュー」の司会者も務めるジェイムズ・リプトンは、著書の中で番組内でのトム・クルーズの言葉を紹介しています。

「ぼくはものすごい量のリサーチをするんだよ。勉強して勉強してもうここでいというところまで勉強して、やめる、するとあとはただ自然に起きるんだ。そこまでの仕掛けや技巧は消えていく。つまり俳優は本質的に作家なんだ。話を伝えるんだから。俳優であるぼくたちは、同時に作家でもあるんだ。ぼくたちのする仕事とのリサーチによってね。セリフじゃない。セリフの下にあるものだよ。ぼくたちはサブテクストを書いているんだ。それがぼくたちの仕事だ」(46)

ナタリー・ポートマンも、アンネ・フランク役を演じることになったとき、役づくりのために実際にアムステルダムまで行き、アンネ・フランクの家を見学したといいます。

このように、その役のモデルとなった人が実在する場合、取材は必須といえるでしょう。亡くなっている場合は、伝記を読んだり当時同じ仕事をしていた方に会いに行ったりするなど、その作品や役をリアルな感触として理解できるように努力しましょう。

また、演じる役が架空の人物だったとしても、どこかの時代のどこかの人物であることには変わりありません。自分なりに情報を集めて勉強し、どのような人生を生きたのかを考える必要があります。

3. 役に生命《いのち》を吹き込む

台詞に気持ちを込める

映画やTVドラマは虚構の世界ですが、その虚構の世界に真実の生命《いのち》を吹き込むのが演技です。マンハッタンにあるネイバーフッド・プレイハウス演劇学校の著名な演出家、演技教師のサンフォード・マイズナーは「演技とは想像上の状況の中で、真実に基づいて行動することだ」と言っています。その役に真実を込めて演じるとき、虚構の世界が真実を投影する鏡となり、観客の心に糧を与えていくことができます。

大川総裁は、以下のように述べています。

インスピレーションがないもので、人が感動することはありません。（中略）あるいは、役者などで、「時代ものをやっていると、演じている人物が乗り移ってくるような感じがする」という人もよくいます。いわゆる、「乗り移り型」という役者ですが、これも、インスピレーションに当たるのかもしれません。やはり、そういう部分が必要なのではないかと思います。

それは、要するに、「その人の考えや心が時代を超えて、現代に伝えられる」ということでもあるでしょう。

（２０１５年５月28日法話「『説法技術論』講義」）

また、堺雅人の守護霊は、次のように語っています。

★★★★★★★★★★★★★★★

自己催眠をかけなきゃいけないんです。自分が、その登場人物になり切らなきゃいけないので、常に自己催眠をかけ続けているところがあって、そういう意味では、宗教や催眠術師なんかに、ちょっと似たところはあるんですけど。

自己催眠をかけられない人は、やっぱり、俳優としては、一流まで行けないですよね。なり切らなきゃいけないわけですから。

※堺雅人守護霊（『誰も知らない「人気絶頂男の秘密」』102ページ）

★★★★★★★★★★★★★★★

役に真実を吹き込むためには、具体的には「台詞に気持ちを込めることができるか」ということが、まずひとつ重要なポイントとして挙げられるでしょう。役になり切れず台詞に気持ちがこもらないと、観客はその嘘を敏感に感じ取り、感情移入することができません。

鴻上尚史は著書の中で、以下のようなスタニスラフスキーの言葉を紹介しています。

「自分なりの方法で、『与えられた状況』を想像しなさい。それは、1．戯曲が教えてくれるものであり、2．演出家が提出するものであり、3．自分自身の芸術的判断によるものです。この3つのことが、あなたが演じようとしている役の全体像と役を取り巻く状況を教えてくれるでしょう。自分の役の人生が、作り物ではなく、本当のことであるように受け止めることは必要です。自分の役の人生があなたにとって身近なものと感じるために、役の人生に慣れ親しみなさい。もし、役の人生を本当だと感じるようになると、あなたは、『本物の感情』または、『真実と感じる感覚』が自然に心の中からわき上がってくることに気づくでしょう。しかし、実際の演技の時は、その感情そのもののことは忘れなさい。なぜなら、感情は、無意識の部分から出ているものが大部分であり、命令することができないからです。すべての注意を、『与えられた状況』に集中しなさい。そうすれ

ば、役の真実の感情は、いつもあなたの側にいます」(47)

このように台詞にうまく感情を込められないときは、その役の「与えられた状況」を改めてよく考えてみましょう。役を自分のものとして捉えられなければ、機械的に台詞を言うだけで終わってしまいます。

また、ウタ・ハーゲンは「どんな役を演じるときも、いちばん大事な材料はあなたのなかにあります。人間は一八才になるまでに、あらゆる感情を体験するといわれるのですから」(48)と語っています。これは、自分が今までに生きてきた中で体験した感情を頼りにする方法で、演技の技術としてよく教えられています。そういう意味では、俳優は人生経験がすべて生きる職業といえるでしょう。

素晴らしい演技をする俳優の中には、客観的に見て恵まれた境遇になかったような人も多くいます。武井咲の守護霊は次のように語っています。

いい演技をされる方のなかには、むしろ幼少時代から少年少女時代に、いろいろつらい体験とか……。例えば、肉親の死。両親、あるいは片親の死とか、あるいは離婚とか、あるいは家族のなかでの病人とか、兄弟の死、あるいは事故。まあ、いろんなものを抱えていて、そのなかで発奮されて何とか家族を助けようと思って芸に打ち込んで、稼げる人間になりたいと思ってやられる方とか、そうした自分の体験した、小説にでも書けそうなものを、今度は演技のなかで表していこうとか、いろいろなものが滲《にじ》み出してくると思うんです。

※武井咲守護霊（『時間よ、止まれ。』108ページ）

渡辺謙は、映画「天と地と」（1990）の撮影中に急性骨髄性白血病を発病し、主役を降板したことがありました。この経験は病気から回復し、映画「明日《あした》の記憶」（2006）でアルツハイマー病の役を演じたときに生かされています。

「過去の自分とリンクした部分はありました。（中略）佐伯（編集注：アルツハイマー病患者の役名）とまったく一緒で、自分だけが他人と違うという現実が受け止められずに苦しんだんです。そんな時、自分の日常はどうだったかと思うと、だからこそ仕事に逃げ込みたかった。そのことを堤監督に話して、前半ではとにかく仕事をする佐伯を描いて欲しいと。発病してから、仕事に逃げ込みたくなる感じを出すためにもね。そういうことも含めてこの役は、自分の記憶とか、皮膚感覚で感じていたことが注入されている気がします」(49)

このように自らの経験が作品に生かされ、観ている人に感動が伝わることがあります。自分自身の人生経験を、演技を通して人々への救済力に変えることができるのです。

「目線」や「所作」の工夫

台詞だけではなく、かすかな目の動きなどの中にも気持ちを込め、役の感情を表すことも重要な演技です。

菅野美穂の守護霊は、映画「奇跡のリンゴ」（2013）の中で、手紙を読むシーンを振り返り次のように語っています。

★★★★★★★★★★★★★★★★★★★

彼が書いた日記みたいなものを、私が読んでいるんですが、「読んでいる」っていうことは、動きがほとんどないですよね。まあ、手で持って、目で見ている、その「目の動き」だけですよねえ。

「その読んでいる目の動きを見て、すごい女優だと思った」みたいなことを言ってくださったんですけども、まあ、観てくださる方は、そういうところで、その、かすかな目の動かし方みたいなもので、「本人になり切っているかどうか」っていうものを感じ取るんですかね。

※菅野美穂守護霊　（『魅せる技術』55ページ）

★★★★★★★★★★★★★★★★★★★

突き詰めていくと、無言の中に感情を込めるところまでいきます。高倉健は、無言の中で感情を伝える演技がとても上手な俳優でした。

「大声で訴えかけなくとも、気がこもってさえいれば、観客に伝わります。がなりたてれば人が耳を傾けてくれるわけじゃない。だって、選挙運動なんか誰も聞かないでしょう。俳優もただセリフを読んだだけじゃ、観客には伝わらない。そりゃあ日本語だから、意味は通じるだろうけれど、芝居はニュースじゃないから、意味がわかればいいってもんじゃない。話してる内容より、吐く息の音が大切だっていうことがあるんですよ、芝居には。だから、僕は気のこもった演技をやっていければと思ってるんです」(50)

ステラ・アドラーは、リアリズムの大切さについて以下のように語っています。

「現代の観客は、わざとらしい演技を嫌います。求められるのはリアリズム。だから俳優の演技が目立つと、よろしくない。演技しないでほしいと言われたら、一体どうすればいい？　人物としてアクションをしなさい。人間の行動を演じる限り、俳優としての存在意義が保たれる。わざとらしく何かをしてみせるのではなく、

行動する。それがポイントです」(51)

スタニスラフスキーは自然な動作のコツとして、「魔法のもしも」(magic if)という言葉を使って、「もしこの与えられた状況の中で、この役なら、私は何をするだろうか?」と問いかけるように教えています。そこから自然な動作や所作が生まれるのです。無言の中に喜びや悲しさを表現できてこそ、プロの演技といえるでしょう。

「職業」と「方言」をマスターせよ

役になり切るためには、その人物をリアルに表現する必要がありますので、その役の職業や方言のマスターも必須といえるでしょう。日本映画であれば、殺陣《たて》などのアクションが必要になることも多くあります。

綾瀬はるかの守護霊は、次のように語っています。

単純に、「結論はこうだから、そこに向かっていくにはどうしたらいいか」っていう〝補助線〟を引けば、自分のやるべきことっていうのが見えてくるじゃないですか。それをまっすぐ走ってるだけで。

ほかの人は、それをいろんなものでカバーしようとしたり、いろいろされるのかもしれない。〝小細工〟されるのかもしれないけども、私の場合は、単純に向かっていくので。だから、「日本のジャンヌ・ダルク（新島八重《やえ》）をやれ」と言われたら、それになりきろうとして、一生懸命、頑張るわけで。薙刀《なぎなた》をやったり、鉄砲を撃つ練習をしたり、一生懸命、繰り返し繰り返し練習しますので。

※綾瀬はるか守護霊（『景気をよくする人気女優 綾瀬はるかの成功術』54ページ）

綾瀬はるかはNHK大河ドラマ「八重の桜」（2013）で主人公八重役を演じたときの方言の練習について、次のように述べています。

「最初に苦労したのは、八重さんが使う会津弁ですね。そこで、会津弁のセリフが吹き込まれた録音テープをいただいたのですが、撮影の合間に聴いたりして、語感やイントネーションを必死で身につけました」(52)

また、映画監督の曽利文彦は、映画「ＩＣＨＩ」（２００８）の市役に綾瀬はるかをキャスティングした理由について、以下のように語っています。

「吹き替えなしで激しい殺陣ができるほどの運動神経を持ち合わせた女優さんは日本には数少ないと思います。綾瀬さんはその中でも一番魅力的な女優さんでした。初対面の日に木刀を手にした身のこなしと、その立ち姿の美しさを見て市の役は綾瀬さんのためにあると思いました」(53)

小川知子は、水泳の達人の役を演じることになったときに、「スタントなしで、自分でやりたい」と思い、スイミングスクールに通ったそうです。それまで泳げなかったにもかかわらず、１カ月の猛特訓で泳げるようになり、見事その役を演じ切りました。

俳優の佐藤健は、ＴＶドラマ「天皇の料理番」（２０１５）で料理長の役をやるために、その前に撮っていた別の作品の撮影中にも、ホテルの部屋で小さなペティナイフを持ってジャガイモを剥《む》き続けたといいます。その結果、手元の撮影も吹き替えなしでやることができたそうです。

このように、その役がもつ専門スキルをマスターしたり、方言を使いこなしたりすることも、役になり切るときの重要な要素になります。事前にすべての役をできるようにしておくことは不可能ですから、「瞬発力」「適応能力」「運動神経」などが必要とされるといえるでしょう。

この適応能力を上げるためにも、やはり、日ごろからの肉体鍛錬や発声訓練が欠かせないのです。

体重コントロールによる役づくり

また、役によっては、減量や増量をして体重をコントロールしたり、髪型を変

★★★★★★★

えたりして役づくりをすることが必要な場合があります。香川照之は、TVドラマ「坂の上の雲」（2009〜2011）で、死期が近づき痩せこけた正岡子規を演じるために、5カ月かけて17キロもの減量をしています。

「昨年八月に映画の撮影で長居した霊峰・劔岳《つるぎだけ》から下山し、六十八キロにまで膨らんだウェイトは、新年を迎える頃、予定通り十五キロ近く落ちていた。朝に和食を食べたら昼・夜とほぼ絶食、腹が空けばランニングをしてごまかすという荒行を繰り返すこと五カ月間、思い起こせば私は二十四時間空腹であった」(54)と語っています。プロは、ここまでして役に近づくための努力を重ねているのです。

大川総裁は、以下のように述べています。

陸軍と海軍のエースになった秋山兄弟と、文学者の正岡子規という松山出身の三人が出てきますけれども、香川さんは正岡子規役をしました。

子規は病床に就いて、だんだん痩せていくわけですが、香川さんは、「やはり病

★★★★★★★

人だから、痩せていかなければいかんだろう」ということで、減量に挑んだといいます。回を追うごとに、本当にやつれていくところを演じたことは、ある程度評判になったように思います。

（『俳優・香川照之のプロの演技論』34・35ページ）

香川照之の守護霊は、次のように語っています。

「さあ、これから楽しい晩ご飯だぞ」って走り始めるとかですね。こういうかたちで、私なんかは減量するけど、コンニャクばっかり食べとるやつも当然いるし（笑）、まあ、私もやるけど、フルーツと野菜ばっかり食べる人もいる。あるいは、ジュースだけ飲んでる人もいる。まあ、いろいろなやり方があります。

その痩せ方にも、「痩せただけでいいのか。さらに筋肉質でなければいけないのか」っていう痩せ方があるから、その場合は、トレーニングしながら痩せなきゃいけないし、あとは、太るやつもあるよね。太って筋肉をつけなきゃいけない役もある。その役柄に合わせて、自分の体を太らせたり、痩せさせたりもできるかどうか。やっぱり、そのへんをやらなきゃいけない。

※香川照之守護霊　（『俳優・香川照之のプロの演技論』151ページ）

体重コントロール以外にも、例えば病気の役を演じるために、女性であっても丸坊主にならなければならないようなこともあります。役になり切るためにできる限りの努力をすることが、プロとしての姿勢といえるでしょう。

世阿弥は『風姿花伝《ふうしかでん》』で、「好色、博奕《ばくえき》、大酒、三重戒、これ古人の掟なり」と自堕落な生活を戒めていますが、俳優・タレントという華やかな職業にも、その裏にはストイックな面があるといえます。

4. 客観的な目をもつ

俳優としてのタイプを知る

俳優にはさまざまなタイプの人がいます。自らの個性や強みを生かす演技とはどのようなものかを考えながら、日々の修行に打ち込むと良いでしょう。

大川総裁は、個性の発揮について以下のように述べています。

人間が仏の子であるということは、すべての花が同じであるということではなくて、すべての花が上に向かって伸びていくということなのです。（中略）花は花である以上、絶えまなく成長しようとし、常に日の光を求め、上へ上へと伸びていこうとしている点において平等ですが、その個性の発揮の仕方において自由であるということを忘れてはなりません。

★★★★★★★★

ここで、客観的に自分を分析するために役立つ俳優の3つのタイプについて、その特徴を見てみましょう。

（『幸福への道標』199ページ）

★★★★★★★★

〈1〉天才タイプ――憑依型・乗り移り型

どの時代にも、感性が豊かで勘が良く、まさに天才としかいえないような人がいるものです。特にこの演技という世界では、そうした天才的な人には霊的な体質の人が多く、彼らはまさに憑依《ひょうい》・乗り移り型の俳優です。このタイプの人には、霊感をもって人々に大きな感動を与えることができる潜在能力があります。

その代表ともいえる菅野美穂の守護霊は、このように語っています。

すでに亡くなっている人を演じる場合、役者はみんな、「乗り移ってくる」ということを、いちおう感じてるんですね。「乗り移ってくるかも……」というか、実際、乗り移ってくることを、自分で感じるときがあるので、そういうときは、「役に、はまったんだ」と。

要するに、亡くなられた方が出てきて、自分に乗り移ってきた感じがしたら、「この役の演技に対して、本人から合格点が出たんだ」と感じるんですよ。

一方で、「乗り移ってきたという感じがしないから、この役は、自分にとって、ちょっと外れた役なのかなあ。自分に合っていなかったかな」と思うこともあります。（中略）

そういう意味では、「霊体質」でなきゃいけないっていうのはそのとおりで、私は、客観的には、明らかに、「憑依型」「乗り移り型」と言われるタイプの女優だと思うんです。

※菅野美穂守護霊（『魅せる技術』41・42ページ）

このタイプの人は強みである感性を磨き、仏法真理に基づいた反省や瞑想などの宗教修行を通して、霊的な能力を進化させていくと良いでしょう。注意点として挙げておきたいのは、自分の心をコントロールできるようにしておくということです。幸福の科学では、八正道《はっしょうどう》をはじめとする数多くの心のコントロール方法が説かれていますので、よく勉強をして日々実践するようにしましょう。

菅野美穂は雑誌のインタビューで、「前は役になりきるにはどうしたらいいかって、それればかり考えていた。身も心も役に捧げてしまわなきゃって。このまま突き詰めていったら悪魔に魂を売ってしまうかもしれないっていうくらい。憑依型ってやつ。（中略）でも、結局魂は売らなかった」(55)と語っています。

悪役を演じるときは、特にこの心のコントロールが大切になります。心の統御ができないと、完全に憑依されてしまい鬱になってしまうような人もいます。演技後は、心を光明的な方向に合わせ、ケアすることを心掛けましょう。

また、このタイプの人は体調やコンディションが悪いと、良質のインスピレーションが降りてこず、演技の出来栄えに波が出てしまうことがあります。平均打率を上げるために、才能に驕《おご》ることなく地道に演技を学ぶ姿勢も必要でしょう。

〈2〉自力タイプ——カメレオン型

自分に天性の才能があると思えなくても、コツコツとした努力によって、一流のレベルまで演技を磨くことが可能です。演技が特殊な技能のように見えても、他の職業と同じように日々の精進を己に課して10年間頑張れば、一流の域に達することができます。

大川総裁は、堺雅人について以下のように述べています。

堺雅人さんは、非常に芸達者で努力家なのではないでしょうか。（中略）本質的には、そんなに不真面目な方ではないと思います。本質的には努力家で、コツコツ努力しながら、自分の〝天才神話〟のようなものを持たずに仕事をして

いる方でしょう。

（『誰も知らない「人気絶頂男の秘密」』176・177ページ）

また、香川照之の守護霊も、以下のように語っています。

つまり、実社会で生きていれば、通勤していても通学していても、いろいろなものを見てるはずですけど、そのなかで、ただ、見てる景色が情報として素通りしているだけではなくて、「自分がそういう役をするときに、どうなるか」っていうようなことが処理されてることになるわねえ。

まあ、水族館のたとえを言ったけど、そういうふうに、あるものの特徴をつかみ取って、「こういうふうに表現したら、それらしく見えるな」っていう感じかなあ。これは、要るんじゃないかな。

要するに、いろいろな魚や、水中生物を演じ分けることができれば、いわゆる「性格俳優」ができるようにはなると思うね。

※香川照之守護霊（『俳優・香川照之のプロの演技論』127・128ページ）

★★★★★

TVドラマ「半沢直樹」の銀行員役や「リーガルハイ」（2012～2014）のコミカルな弁護士役など、多岐にわたる役を演じ分けることからカメレオン俳優と評されることの多い堺雅人は、著書の中で以下のように語っています。

「『運・鈍・根』というコトバがある。どこでおぼえたのかはわすれてしまったが、『運がよくて、すこしボーっとしたところがあり、ねばりづよい』タイプのほうがうまくいく、くらいの意味だろう。（中略）僕はどういうわけだか、これを役者の心得だとずっとおもいこんでいた。僕自身めはしのきくタイプではないので、『鈍』の部分がとくにありがたかったのだろう」「八方やぶれの芸風にはひそかな憧れをもっている。もっとも僕にはそんな芸当はとてもできそうにない。結局コツコツ工夫をかさねていくしかなさそうだ」(56)

堺雅人は言わずと知れた努力家で、まさに出家者のように俳優として精進を重ねてきた人といえるでしょう。西洋演劇史にキラ星の如く輝く劇作家のウィリアム・シェークスピアは、「備えよ。たとえ今ではなくとも、チャンスはいつかやって来る」「天は自ら行動しない者に救いの手をさしのべない」と語っていますが、まさに自助努力によってチャンスをつかんだ人です。

教育という面から考えても、天才だけしか俳優になれないのであれば、HSUにおいて学生を教育する意味がなくなってしまいます。しかし、世阿弥やスタニスラフスキーなどをはじめとする人たちが演技訓練法を構築してきたのも、こうした努力によって俳優を目指す人たちをサポートするためでしょう。

自分は器用ではないと思う人も、「だからこそ継続した努力によって大を成すことができるのだ」と信じて努力を続けましょう。

〈3〉個性タイプ――自分を貫く型・二枚目俳優型

最後は、役によって演じ分けるのではなく、どのような役であっても、「自分自身を演じる」というタイプです。高倉健や木村拓哉などのように圧倒的な存在感をもっている人や、恋愛ものが似合う美男美女のタイプといえるでしょう。

大川総裁は、高倉健について以下のように述べています。

昨年（二〇一四年）、亡くなった高倉健さんなども、評価が高まってしまえば、「無口で無骨《ぶこつ》な男」というのが、かっこいい男の代名詞にもなりましたが、普通だったら、「無口で無骨な男」というのは、俳優にはまったく向いていないでしょう。

そういう人は向いているはずがなく、「台詞もろくに話せないのか」「演技もできないのか」と言われたり、「サービス精神のない男だな」と言われたりするわけ

ですが、国際的に人気が出たら、みんな黙ってしまうのです。

（『人生の迷いに対処する法』122ページ）

また、高倉健の霊は、霊言の中で以下のように述べています。

「みんなの人気を取ろう」と思って、やってないからさあ。俺は俺を演じているだけだから。

※高倉健霊（『高倉健　男のケジメ』112ページ）

「みんなが健さんの人間としての側面を語るのも無理はないことですよ。あの人の特徴は単純に言えば俳優さんらしくないところにあるんだから。健さんは役を演じなくても高倉健として映画のなかに存在できるんです。（中略）役よりも本人のキャラクターのほうが際立っています」(57)

映画監督の降旗《ふるはた》康男は高倉健についてこう語っていますが、このタイプの人は役を演じるというより、役を自分に吸い込んでしまい、そのままで様になるタイプの演技をします。

しかし自分流を貫くことは、基本的に超一流の俳優だけに許される演技です。

木村拓哉の守護霊は以下のように語っています。

みんな、手の内を知ってても、それで納得してくれる。まあ、落語とかそういうものにも、似たようなところがあるけどね。みんな、内容を知ってるけど、何回でも聞いてくれるところがあるじゃないか。ねえ?

そういうふうに、「毎日、そばを食べても飽きない」「毎日、うどんを食べても飽きない」みたいなところが、ちょっとないといかんかなあと思う。

それが、俺の強みかな。「毎日、キムタク」でも許してくれるみたいな、そんなところかなあ。

★★★★★★★★★★★★

つまり、ある意味では、〝主食〟なんだよ。

※木村拓哉守護霊（『俺《オレ》が時代《トレンド》を創る理由《わけ》』125・126ページ）

★★★★★★★★★★★★

自分流を貫くためには、人を誘い込むような魅力を自分自身で見つけていかなければなりません。「他の人にはできないことをやっている」という〝蜜〟の部分が必要なのです。何の努力も魅力もないまま自分流の演技をしても、素人と変わらない自己中心的な演技になりかねません。

俳優の醍醐味は、さまざまな人物を演じ分け、さまざまな人の人生を生きられるところにあります。したがって、まずは演技の基本を学び、演技力を向上させていく努力をすることが大切です。

ここでは特徴的な演技のタイプを挙げましたが、通常は「どれかひとつ」ということはなく、複数のタイプをもち合わせたり、使い分けていたりする人が多いと思います。自分の強みを発見したり、さらなる成長のヒントとするために、参考にすると良いでしょう。

監督の視点で考える

俳優として演じるときに客観的な目をもつコツとして、監督の視点で考える癖を付けることも大切です。監督の視点で考えていないと、目立ってはいけないところで目立った演技をしてしまったり、共演者との掛け合いが噛み合わなくなってしまったりと、作品全体に貢献できる演技ができなくなってしまいます。

香川照之守護霊は以下のように語っています。

一般的には、やっぱり、「自分の役柄を演じつつも、相手がどう応じてくるか。また、それらが釣り合い、うまく噛み合っていて、『監督の目』から見て、作品として仕上がっている」ということを見る目がないといけない。

※香川照之守護霊　（『俳優・香川照之のプロの演技論』１４０ページ）

大川総裁は、以下のように述べています。

ほんとうは、自分ひとりの力で仕事をしているのではなく、多くの人たちのチームワークによって、仕事が成り立っているのです。つまり、自分が自己発揮できる前提には、他の人びとの力があるのです。それを忘れてはいけません。

（『常勝思考』33ページ）

北川景子は、声優に初挑戦したときのインタビューで、女優としてのターニングポイントは映画デビューを果たした映画「間宮兄弟」（２００６）だとし、次のように語っています。

「女優というと一見、どこか華やかで特別視されるような感じを受けますけれど、私たちは『俳優部』という部署であって、『撮影部』がいたり、『メーク部』がいたりするなかでの『俳優部』だと、そのとき強く感じました」[58]

小川知子は、「映像というのは、ワンカット、ワンカットの積み重ねで、それを全部見ているのは、やっぱり監督だけだ。女優は、いくら主役を演じようとも、全体を見ているわけではない。だから、私は基本的に、監督のやりたいと思っていることを的確に表現したいと思っている」[59]と語っています。

また、ウタ・ハーゲンも演出家の存在について以下のように語っています。

「演劇学校での勉強では、気をつけなくてはならない点があります。俳優と演出家との関係を、正しく理解するチャンスがなかなかない、ということです。（中略）だから、いざプロになり演出家と仕事をすると、『他人に自分の解釈を曲げられる』と感じてしまう。自分の『創作』に口出しをされたら役づくりの邪魔だ、とすら言いかねない。これがプロの俳優だと思ったら、大間違いです。正しい訓練を積んだ俳優は、演出家の助言を求め、演出家を必要な存在として受け入れます。

どのアクションを最終的に選択するか、演出家のリードに従って模索をし、作品に仕上げます」(60)

武井咲が「お芝居そのものは自分が与えられた役を一生懸命に演じるだけなんだけど、そうやって役に専念できるのも、準備の段階から助けてくれるマネージャーやスタッフのみなさんがいてくれるからこそ」(61)と言っているように、俳優・タレントは、たとえ自分が主演であったとしても、ひとりで仕事をしているわけではありません。映画やTVドラマの制作はチームプレイなのです。

多くの人が関わる創作活動の現場では、自分自身の個性を最大限に発揮しながらも、全体として良い作品に仕上げていくことが大切です。監督や演出家はオーケストラでいえば指揮者にあたります。全体を鳥瞰《ちょうかん》する監督の目をもっていることが、自分の演技に磨きをかけ、役を的確に演じることにつながっていくのです。

観客の目を忘れない

もちろん観客の視点も大切です。自分の長所をうまく見せていく技術のひとつとして、カメラを通した「視線コントロール術」があります。

北川景子守護霊は、次のように述べています。

やっぱり、自分の弱点のほうに、あまり目を集めさせないようにしなきゃいけないところがあると思うんですよ。それぞれ、みんな持ち味があって、長所・弱点があると思うんですけど、弱点のほうに、あまり目が集まらないようにすればいいと思うんです。

（中略）

それぞれ長所・短所があるから、短所のほうに目が集まって意識させるんじゃなくて、できたら、強いところのほうに視線を集めるようにするっていうか、そういう意味での、「聴衆の視線のコントロール」が、やっぱり、いちばん大事なところじゃないでしょうかね。
　自分がいちばん見せたいと思うところに、人の目が集まってくるように誘導する演技の練習が、いちばん難しいところだと思います。

※北川景子守護霊　（『女優・北川景子 人気の秘密』１３７‐１３９ページ）

　香川照之守護霊も、次のように語っています。

「カメラを通した世界から見ている多くの人たちの目で、自分たちが見えている」というところは、「違い」でしょうねえ。「そちらのカメラを通して自分を見ている」っていうところはあるわね。

※香川照之守護霊　（『俳優・香川照之のプロの演技論』１１３ページ）

　ある雑誌編集者によると、武井咲はモデルとしてデビューした当時から、写真映りをよく研究していたそうです。

「僕は常々、誌面に使われなかった写真を見るようにとモデルたちに言っているんです。そうすると自分の癖や、ダメな点がわかってくるから。彼女もよく編集部に来ていましたよ。何百枚もの写真を、ルーペをのぞいて、ひとつひとつ黙々と。成長が早いはずです」(62)

カメラという特性を踏まえつつ、自分のチャームポイントや特技をよく分析して、自分をうまく演出するように努力すると良いでしょう。

さらに大川総裁は、以下のように述べています。

私も大勢の人々の前で法話をしたりしているためか、最近では映画やＴＶドラマの俳優さんや歌手の方々の実力や、演出している人々の努力に感銘をうけることが多くなった。百千万の人々に観られる職業は、一秒のスキで斬り捨てられる世界でもある。人を笑わせるプロは、自分の心の底では決して笑っていない。全

身の毛穴で視聴者の感想を感じとっている。

（『誰も知らない「人気絶頂男の秘密」』まえがき）

世界的な野球選手であるイチローの守護霊も「観客の視点」をもつことの大切さを語っています。

最後は、ピッチャーとの一対一の勝負になりますよね。
だから、一対一の勝負にコンセントレート（集中）していかなくてはいけないんだけども、同時に、そのコンセントレートしている自分を見つめている、数万の観衆の目を感じている。それから、背中を映しているテレビカメラの向こうで観ている人たちの目を、やっぱり感じている。これがプロだと思うんだよ。
これを感じられない人は、プロじゃないんだと思う。それは、私たちのような仕事以外でも、たぶん一緒だと思う。（中略）

もちろん、そのときに、その場で、一生懸命、課題に取り組まなくてはいけないんだけども、ほかの人の目を全部感じつつも、それに集中できるかどうか。目は、ピッチャーのほうを見ているわけだけども、背中にある〝千の目〟が、観客と、その奥にある視聴者の目を見ている。つまり、〝背中の毛穴〟で見ている感じかな。やはり、ここまで行かないといけないんじゃないかなあ。

※イチロー守護霊（『天才打者イチロー4000本ヒットの秘密』69‐70ページ）

これは、まさに室町時代に能を芸術的なものまで高めた世阿弥の『花鏡《かきょう》』に出てくる「離見《りけん》の見《けん》」にあたるのではないでしょうか。それは、宗教的には「無我の境地」でもあり、ひとつの丸い鏡に自分も他人も世界も映すことができる「大《だい》円鏡智《えんきょうち》」といわれる智慧でもあるでしょう。

大川総裁は、無我の境地について以下のように述べています。

無我の境地、無我の認識があるからこそ、自己という視点以外の視点で見ることができるのです。（中略）

無我の境地になると、自己を離れて自己を見ること、あるいは他の人を見ることができるのです。「善意なる第三者の目」という言葉もありますが、無我の境地が進んでくると、自己を離れた立場で、他人を見、自分も見ることができるようになります。

（『沈黙の仏陀』177・178ページ）

般若になると、「大円鏡智」（鏡で映すような智慧）とも言いますが、別な言葉で言うと、皮膚の毛穴で見ているような感じに近いのです。全身で見ているような感じです。

たとえば、明かりがついている部屋のなかを、目で見ているような感じが識《しき》の立場に近いとすると、その部屋の明かりを消したらどうなるでしょうか。暗闇のなかでしばらくじっとしていると、やがて周りにいろいろなものがあるのを感じるようになってきます。そのときには、目で見ているというよりは、毛穴で感じているような感じ方をします。すべてのものを全身で感じようとする動きが出てきます。般若というのは、そんな感じに近いのです。魂全体で感じ取ろうとするような力になってくるのです。

（『沈黙の仏陀』１８３‐１８４ページ）

俳優に限らずスポーツ選手など、どの分野でも達人と呼ばれる人の多くは、この悟りの境地に到っているようです。どの道も宗教的な悟りにつながってこそ本物といえます。ＨＳＵの学生全員にぜひ体験していただきたい境地です。

この境地に少しでも近づけるよう、ともに努力精進をしてまいりましょう。

コラム

「仏法劇」で起こった奇跡

250人の挑戦

1990年代前半、大川総裁の東京ドームでの大講演会の第一部として、「仏法劇」を行っていたことがあります。1993年のエル・カンターレ祭のときに、仏法劇「愛は風の如く」を大川総裁の講演の前に上演することになりました。聴衆は5万人、演技をするのは幸福の科学の信者さん約250名。4回のオリエンテーションでなんとか人数は集まったもののほとんどが素人でした。

エル・カンターレ祭「愛は風の如く」（1993）

さっそく演技ができる人、踊りができる人、歌ができる人に分けて練習を始めました。夜7時から9時まで、主役以外はひとりあたり10回程度しか練習できませんでしたから、今考えてもすごい度胸だったと思います。

私は総合演出を任されており、演技指導も担当していました。

「こんな大舞台で舞台経験のない人が250人、しかもリハーサルの時間も十分に取れず本当に成功できるのか」

そんな思いが幾度となくよぎりました。練習を重ねてもそれぞれが自分のことで精いっぱいで、ひとつになれない感じが漂っていました。

キッカケは〝地獄の木〟!?

稽古を始めて2カ月、ようやく出演者全員の演技と動きを付け終わり、稽古場全体を見渡したとき、ある人に目が留まりました。近づいてくる鬼に恐怖で顔をひきつらせた、地獄の木の役の男性です。2カ月前に私が付けた、1回だけポーズを変える動きと表情を全力で演じていたのです。出席名簿を見ると、無遅刻無欠席。私はその姿に感動して、思わず叫びました。

「あの人を見てください！」

そして、全員に向けて語りかけたのです。

「全力でやり続けてくれていたんだね。この中の誰ひとりが欠けてもこの舞台はできないんだね」

空気がガラッと変わったのが分かりました。自分の出番でない人たちが、演じている一人ひとりに対して祝福の思いで熱心に見守るようになったのです。その日、稽古が終わると自然に拍手が沸き起こりました。その拍手は次第に大きくなり、いつまでも鳴り止むことはありませんでした。そのとき、強烈な光の風が喜びとともに心を駆け抜けていきました。私ひとりではなく、そこにいる全員が同時に同じ感覚を味わったのです。「この人たちと力を合わせたら、必ず成功する」という確信が生まれました。その後、私たちは「みんなと心をひとつに合わせ、主《しゅ》に感謝を捧げる」というテーマで稽古を重ねていきました。

そして当日、舞台は大成功。終演後、楽屋は爆発的な喜びに満ち溢れました。

奇跡が起きた!

後日、出演者のアンケートに、驚くべき内容が書かれていました。

「あんなに静かな気持ちになれたのは初めてです」

「緊張するということはまったくありませんでした」

「客席の皆さんがニコニコして、ほんとうに温かく私たちを見てくださっている、その一人ひとりの表情まで見えました」

「演じているときに、自分がこの位置にいて周りの人は何をしているか、全部手に取るように分かりました」

舞台経験のある方であれば分かると思いますが、これは奇跡としかいいようがありません。というのも、こうした境地は数十年間舞台に立ち続けた、舞台を極めたごく一部の人だけに可能な境地であるといわれているからです。

普通、初舞台のときというのは、舞台袖にいると心臓が口から飛び出そうなほど緊張して、「許されるならこのまま帰ってしまいたい」と思い詰めるものです。しかしそのような感想はなく、「観客一人ひとりの表情が見えた」と言うのです。

これは「離見の見」そのものでしょう。また、宗教的には「無我の境地」を垣間見たのだといえるのではないでしょうか。無我になるための方法は、神仏と一体となり、他と一体となることといわれています。周りの仲間と一体となり、「神仏に感謝を捧げる」という思いに集中したからこそ、その結果として「無我の境地」となることができたのだと思います。そして「無我の境地」とは、大きな喜びを伴う境地でもあることを知りました。

このときの宗教的感動は、今でも忘れることができません。

「プロに学ぶ俳優の仕事」

女優・小川知子インタビュー

プロフィール

広島県生まれ。11歳で子役デビュー。映画「別れの時」「恋の夏」、TVドラマ「金曜日の妻たちへ」「命ささえて――ママ、パパはエイズなの？」(1994年日本民間放送連盟優秀賞を受賞)他、100本余りの作品に出演。歌手としては、19歳のとき「ゆうべの秘密」でデビュー、ミリオンセラーとなる。「初恋の人」などシングル27枚、アルバム17枚をリリース。紅白歌合戦にも出場している。フジテレビ系列のトークバラエティ番組「ジェネレーション天国」でブレイクし、バラエティ番組への出演も多数。著書に『美しく燃えて』（学研）がある。

プロの俳優はどのようなことに気を付けているのでしょうか。女優として長い芸能人生を歩まれている小川知子さんにお話を伺いました。

プロの基本は自己管理

小田　まず、プロの女優として小川さんが最も大事にされていることを教えてください。

小川　自己管理です。特に役者は体が資本であり、風邪ひとつ引いても「自己管理できてないわね」と言われる世界です。少なくとも私たちの時代は、40℃の熱があっても歌ったり芝居したりしていました。自己管理には精神的な面と肉体的な面の両方がありますが、それがきちんとできない人はまずプロになれませんし、長く仕事を続けていけません。だから常に自己管理のことを考えています。

小田　具体的にはどのような管理をされるのですか。

小川　肉体管理は、これはもう役者にとって永遠に続くものです。私ぐらいの年齢になると病気になる人も多いですが、私はおかげさまで健康です。もちろんそのためには、かなりの運動をしています。今も腹筋は100回ぐらいできますし、移動中の車内でも足のストレッチをする、ホテルでもスクワットをするなど、場所を選ばず常に身体を動かしています。ホットヨガにも週に3日は通って身体をほぐしていますね。

健康でいることもそうですが、役者は体を使って表現するので、肉体のすべてに柔軟性がないといけないのです。顔の筋肉もそうです。さまざまな表情をつくらなくてはいけませんから。映画や舞台で全身が見られるときは、立ち姿がとても大切ですね。全身の筋肉を柔軟にしておく必要があるのです。

役者は、次にどんな役がくるか分かりません。マラソンランナーの役がくるかもしれないし、男性ならプロボクサーの役がくるかもしれない。基本的に、どんな役がきても対応できる肉体をつくっておくことです。私の場合、子どもの頃から運動が好きだったのは幸運でした。

小田　バレエをなさっていたのですよね。

小川　バレエに始まり、ジャズダンス、ヒップホップ、タップ……、踊りはほぼすべてやりましたね。運動することが苦でないことは、自分でも最も良かったと思うところです。今の若い人たちには、それが苦になる人も多いようですね。「癒やし」などのキーワードが多いし、「だらっとしたい」とかすぐ言うでしょう。でも、若いときからそういうことでは絶対にいけません。運動というのは習慣なので、若いときから習慣を付けておくと年をとったときに楽です。絶対に運動する習慣を付ける。この点は強調しておきたいです。

歌手や女優は「ながら族」

小田　食事と睡眠については、どのように自己管理されていますか。

小川　食事は朝10時と夕方6時の1日2回。どんなに夜中まで仕事をしていても、基本的に夕方6時以降は食べません。この習慣は仕事場に行っても守っています。どうしてもこの時間で食べられないときは、必ず間隔を5～6時間開けるようにしています。間食も一切しません。

小田　撮影現場などで食事時間が押してしまい、後でお弁当が出る、なんていうこともありますよね。

小川　他の人が食事していても食べず、お化粧直しなど、他のことをしています。

小田　睡眠に関してはどうですか。

小川　まずどこでも寝られるようにすること。この仕事は、超「ながら族」にならないとやっていけません。私も歌手をするようになって鍛えられましたが、当時のアイドルは考えられないぐらいの過密スケジュールで、車の中などの移動時間ぐらいしか寝る時間がなかったのです。今も、どんなところでもすぐ寝られます。
余談ですけれど、紅白歌合戦の舞台裏なんて精神安定剤を飲む人がたくさんいますよ。そのぐらい極度の緊張感が芸能人には付き物ということです。それこそ、スターになればなるほど。

気持ちのスイッチをＯＮにする

小田　小川さんは、プレッシャーに強いタイプとおっしゃっていますね。

小川　プレッシャーは責任感とイコールだと思っています。プレッシャーがかかっているということは、つまり期待がかかっているということ。私は責任感が人一倍強いし、人の期待に応えたいという思いが根底にあるので、期待があればあるほど、やる気になるのです。

小田　緊張はしませんか。

小川　しますよ。でも、緊張をほぐすには、場数を踏んで慣れるしかない。だから、最初は何でもやること。あとはうんと練習しておけば緊張しません。どんなときでも台詞を言えるように。

　重圧がのしかかってくる仕事なので、精神的に強くならなくてはいけません。プレッシャーに押しつぶされてだめになった人も大勢いるわけで、強靱な精神をもつことはとても大事。訓練すれば、精神も強くすることができます。

小田　精神面の自己管理をする上で、何を大切にされていますか。

小川　チャレンジする気持ちや前向きな気持ちを、いつでももてる自分にしておくこと。それも基本はすべて習慣です。何かあると、そこにスパッとスイッチが入るようにしておくことが、精神面では最も大切です。良いバレエ公演が来るとか、良い絵画展があるといったとき、パッと「行こう」と思えるかどうか。そのようなフットワークの軽さは、それが習慣になっていないと出てきません。

先取りして余裕を生み出す

小田　人気俳優はいつも時間に追われていると思いますが、時間管理はどのようにされていますか。

小川　休憩時間に台本を覚える人もいますが、私は、台本は2日先に収録する分まで覚えています。もし現場で覚えるとしたら、今日のではなく明日の台詞。「そんなことをして頭こんがらがらないですか」ってよく言われますけど、何でも先取りする習慣を付けています。

小田　それはすごいですね。

小川　例えば主演をやるとすると、周りの役者さんや現場のスタッフとのコミュニケーションも自分が中心になっていきます。そこで主役というキーパーソンが、余裕がなくて部屋にこもっていたり、お化粧もしないで必死に台本と向き合っていたりするのではみっともないし、周りの人を緊張させることにもなる。それは主役にあるまじき姿だと思います。「余裕をもってやる」ということもキーワードですね。

俳優に向く人、向かない人

小田　どのような人が俳優に向いていると思われますか。

小川　向いていない人は、好奇心がない人。もっと言うと、感性が鈍い人はやらないほうがいいです。それからこの世界、一生やろうと思ったら相当な根性がないとできません。

小田　向いているかどうかは、自分で分かるものでしょうか。

小川　芝居がしたいとか歌を歌いたいとか、「そういうふうになりたい」と思うということは、なれる可能性があるということだと思います。素質がないことは発想しないので、やってみることは良いと思います。その後は、実際に入ってみないと分かりません。この業界は厳しいですから、押しつぶされてだめになる人もいっぱいいるし、「こんなに大変だとは知らなかった」と数日で辞めていくスタッフも多いですからね。「お腹が痛い。今日休んでいいですか」なんて言う若い人がいて驚いてしまうのですが、そんなことは休む理由になりません。

どんな場所でも人間観察

小田　他に、俳優になるために不可欠な要素はどのようなことでしょうか。

小川　先ほども言いましたが、好奇心をもつこととチャレンジ精神があること。この2つが最も大事だと思います。あとは観察力ですね。私は子どもの頃に児童劇団に入ったのですが、最初に言われたのはとにかく人間観察をしなさいということでした。役者をやるには、観察する以外にありません。

役者はさまざまな役を演じます。主婦の役、お医者さんの役、それから殺人者の役をすることもあるでしょう。だから病院に行っても具合悪そうな人をずっと観察したり、問診されながら医者の聞き方を見たりもしています。裁判を見に行ったこともありますよ。弁護士の役をやるにしたって、離婚調停の場なんて見たことがないでしょう。実際に見てみると「今まで映画で観ていたのはけっこう嘘が多いな」と分かったりして、とても勉強になりました。

私は警察官や刑事さんとも友達になりますし、女社長や政治家などと話す機会ももつようにしています。参考になることがいろいろ聞けるので、私は全方位的にいろんな人とお付き合いをし、それを全部仕事で使わせていただいています。見たり聞いたりしたこと、体験したこと、読んだこと、すべてが生かせ、それを表現できる職業は俳優の他にないでしょう。

役の理解力を付けるには

小田　台本を読んで、自分の役や全体のシーンの解釈をするポイントはありますか。

小川　解釈し、理解力を身に付けるために、本を読むことは大切です。私はあらゆるジャンルの本を読んでいます。例えば宇宙飛行士の気持ちなんて、本でも読まないと分かりませんよね。あとは、先ほど言ったようにさまざまな人の話を聞くこと。それから、さまざまな所に行くこと。同じ所ばかり行っていてはだめですね。私も渋谷の繁華街なんかに行っては、「ああ、なるほど」と思いながら見ています。ハリウッドでは実際の職場に役者を潜入させる、なんてこともしているようですが、日本ではそんなことはまずできません。ならばせめてその現場に行ってみる。今はYouTubeでもいろいろ見ることができますから。

とにかく役を理解するにはリサーチが大切です。役者も、自分の理解力以上のことやイメージできる以上のことは表現できません。だから、それをどんどん高く広くしていけるように、他の力を借りて補い続けていくことが重要になると思います。

監督やスタッフとのコミュニケーション

小田　監督とのコミュニケーションや信頼関係はどう影響してきますか。

小川　監督や、他の役者さんとのコミュニケーション。実際はこれが最も大変です。個々の解釈の違いを、どうすり合わせるかですね。昔の名監督といわれるような方、例えば黒澤明さんのような映画監督然とした方たちは「私（監督）のイメージを表現してください」というやり方でした。今は役者自身の解釈もＯＫになりましたが、本来は、監督が描いた像にみんながはまっていく作業が映画なのです。そうした監督のニーズを理解するためには、役者に理解力がないといけません。

聞いた話ですが、黒澤明監督は役者に武将の役をやらせるときは、本読みなどカメラが回っていないときでも常に甲冑《かっちゅう》を着せカツラをかぶせて、武将の格好をさせていたそうです。スタッフにも、その役者さんに話しかけるときは殿様に言うように話せと指示して。役になり切るというのは、そういうことです。

小田　今はそういう監督はいなくなりましたね。

小川　こんな話もあります。暗い道で通行人がバシンと何かに殴られる、そういうシーンがありました。それで撮影しているのだけど、ＯＫが出ない。とにかく何回もダメ出しされて、そのたびに役者は何回も何回も殴られるわけです。すると、殴られる前から恐怖心が顔に出てくるようになる。そういう恐怖の表情を撮りたいがために、わざとＮＧを何回も出したというのです。

小田　役者を追い込んでいくタイプの監督は今でもいますね。

小川　だから、監督と打ち合わせをするのは難しいですよ。でも私は基本姿勢として、現場に入ったら芝居に関してもめ事は起こさないと決めているのです。現場でもめるぐらいなら、先に打ち合せしておくべきだと思います。

それでも、どうしても齟齬《そご》は生じます。自分はこうしたくない、監督はこうしてほしい、という。その折り合いをつけるのは難しいですが、それでスタッフを何時間も待たせるなんて、プロとしてあるまじきことです。だから事前に監督ときっちり打ち合わせをしておく。それがスタッフへの礼儀であり、お互いが信頼関係をもって仕事をしていく上での基本だと思います。

私は現場では絶対に文句は言いません。その代わり、小道具や衣装など、すべてに関して打ち合わせをしっかりやります。もし主役が現場で文句を言い出したら、他の人たちも言い始めるでしょう。企業でも、もし部長さんが何か言い出したら部下もみんな言い出しますね。それと一緒で、上に立つ人間には我慢しなくてはいけないこともたくさんあるのです。プレッシャーやストレスなどもいっぱいあります。それをクリアするためにも、十分な話し合いがとても大切です。

小田　現場によっては、事前に打ち合わせする余裕がなく、いきなり本番になることもありますね。そういった場合にはどうしますか。監督と自分の考えが違っていたとき、台本の解釈が違ったときは。

小川　監督には必ず、こちらから打ち合わせをしたいと言います。それは自分の休憩時間を削ってでもやります。私は基本的に先取り型なので、翌日に撮るシーンについて話しますね。現場に入って人を待たせることをしたら、スタッフから総スカンですよ。コミュニケーションは本当に大事です。

無駄な付き合いはしない

小田　ハリウッドの監督の本でも、役者やスタッフとのコミュニケーションの難しさについて言及されているものが多いですね。

小川　だからといって、仕事が終わって、そのつながりで飲みに行くようなことは、私はほとんどしません。たいがい噂話に終始して、有益なことはまずありませんから。もし行くとしたら、仕事の最初と最後ぐらいですね。時間は無駄にしたくない。私は「付き合いの悪い人」になっていますが、それも自己管理の一環です。

仕事以外の理由で使われるだけなら、結局は長続きしません。そういう「付き合い」とコミュニケーションを混同してはだめですね。仕事相手があまり身近になると、意見を言いたいときに言えなくなってしまう。お互いに妥協し合うようになるのが私は嫌なのです。

小田　真剣勝負が良いのですね。

小川　そう。スターというのは、我慢しなくてはいけないこと、いっぱいあるんですよ。寂しいこともいっぱいあるし、ストレスもいっぱいある。本当にたったひとりだと思ったほうがいいですよ。視聴率のことまで全部その人の責任になってきますから、孤独に耐えられない人はまず無理です。

オーディションにどう臨むか

小田　スターへの第一歩といえるかもしれませんが、オーディションの際の心構えについてお伺いします。小川さんも子役時代はオーディションを受けられたと思いますが、どのようにオーディションに臨めばよいのでしょうか。

小川　心構えなんていりません。心構えをした人は、まずオーディションには通りませんね。

小田　それは、自然体が良いということでしょうか。

小川　無欲でいなければいけない、ということです。見ている相手はプロですから、欲を出している人は瞬間的に嫌われます。私が監督やプロデューサーであれば、そのような人には目もくれないでしょう。オーディションというのはいわば、新人を探す場ですから、使う側としては、新人には無色でいてほしい。そこに無限の可能性があるわけです。どちらかというと監督は、その人の表情や感性を見ていると思います。

私が子役時代にオーディションに通ることが多かったのは、出しゃばらなかったから。ＴＶなんか観ていると、優等生のようなしゃべり方をする、いかにも「子役」というタイプの子がいるでしょう。オーディションではそういう子は通りません。今、そういうタイプがＴＶで重宝がられているのは時間がないからで、すぐ使える子が良いのです。でも、そういう子は出てこなくなるのも早い。色が付いてしまうとそれ以上伸びないので、そういう人は一度やめて再デビューしなければ無理ですね。

繰り返しますが、オーディションについては、まず無欲であること。私は子どもの頃、人と話すのは大嫌いで、人見知りして下を向いていたりしてね。でも、そういうのがたまたま役にはまったりすると、「この子が良い」となるわけです。

小田　その役にはまるかどうか。

小川　だから、そのときの運もあります。監督たちが見ているのは表情とか動き、それからやはり目の輝きですね。役者はなんといっても目が大切ですから。「目は心の鏡」というように、好奇心やチャレンジ精神がある人は目がキラキラしています。どんな役でもやっていこうと思ったら、そういう眼力というか、前向きな目は必要になってくると思います。

小田　無欲で、日頃から生き生きとして、さまざまなことに好奇心をもつということですね。やはり日頃から輝いて魅力のある子が良い。

オーラを輝かせる

小田　オーディションは通る人のほうが少ないから、確率でいえば落ちる人のほうが圧倒的に多いわけです。オーディションに落ち続けても気持ちを萎えさせず、ポジティブに次の場に向かえるようにするためには、心をどのようにもっていれば良いでしょうか。

小川　やはり、キラキラした子にならないとだめですね。「この子、ちょっと暗いな」と思う子でも、暗いなりのキラキラした感じってあるんですよ。

小田　癖とか味とか、でしょうか。

小川　そう、存在感ですね。映像に映る人間には存在感がとても大事です。存在感を高めるためには運動することも効果的で、そうすると体から出るオーラが違ってきます。オーディションではオーラを見られているところがあるので。それから、常に好奇心をもっていることも大切。

小田　好奇心がキラキラにつながっていくのですね。

小川　皆さんが見て「あっ」と思う人って、やはりオーラがある人でしょう。スターというのは、いくら黙っていても人が見逃さないのです。

小田　確かにスターは何かが違いますね。大勢の中でも、なぜかその人にだけ目がいってしまう。そうしたオーラは教育の力で引き出すことができるのでしょうか。

小川　そういう資質自体は生まれもったものかもしれません。でも、映画でもTVドラマでも、そういう人ばかりでは成り立ちません。自分がいわゆる「スター」タイプではなかったとしたら、そうではない生き筋を狙えば良いのです。

小田　名脇役だって、絶対に必要ですからね。

小川　今の時代すごく良いのは、美男美女でなくても主役になれるようになったこと。もともと脇役だったような人が、今は主役をしていますよね。それに、AKB48に象徴される、その辺で触れ合えそうな人に人気が出たりもしています。すごくチャンスがある時代だと思います。

この仕事をしていれば、どこかで自分を見極めなくてはならない局面が出てくるでしょう。どうしても好きでやっているのだったら、狭い頂点だけを目指すのではない道もある。どう割り切り、どう目標を立てるかですね。それはやっているうちに自然と分かると思います。

時代のトレンドにアンテナを張る

小川　それは、新人時代はキラキラやオーラで済むけれど、そこから先は自分で開拓しないといけない、ということでもあります。いくらオーラがあるといっても、若い人は次々と出てくるのです。後は自分の努力次第。芸能界に入って5年も経つと、だいたい壁にぶち当たります。

そのとき、どういうふうに方向転換するのか。時代を見る目も大事ですね。世の中がどう動き、どんな風潮になっているのかを理解する社会的な目も必要になってきます。

小田　同じ役をいつまでもやり続けることはできませんからね。

小川　例えば、昔はメロドラマといったら、ヒロインはずっとうつむいていれば良かった。でもそれが何十年も続いて、もう飽きられていた。そのようなときに出てきたのが、「金曜日の妻たちへ」というTVドラマでした。

あれは革命的な内容でした。主人公ひとりにスポットを当てるTVドラマを脱し、集団主役ドラマが登場したのです。TV局側は「絶対当たらない」と言ったけれど、私は「これは絶対に当たる」と思いました。

小田　「絶対当たる」と思った要素は何だったのですか。

小川　だって、ひとりの女優さん、ひとりの男優さんが中心に動いているTVドラマは、もう見飽きているじゃないですか。私自身も、こういうTVドラマが観たいと思ったんですもの。「これからのTVドラマだ」と思って二つ返事で出演を決めました。だから、時代認識はとても大事だと思いますよ。これからはどんな時代かということに常にアンテナを張っていないと乗り遅れます。

小田　当時はまだ「トレンディドラマ」という言葉自体は使われていませんでしたが、「金曜日の妻たちへ」はその時代のトレンドをつくりましたね。ＴＶドラマのタイトルを通称「金妻」と略して呼ぶようになったのもあれが最初ではなかったでしょうか。

小川　いくつかの家族がみんなでご飯を持ち寄って食べるだとか、楽しい情報も満載で、演じていてもとても楽しかった。あれはヒット作というよりもＴＶ界の革命でした。脚本も演出家もキャストも、全部がぴたっとはまったのです。

衣装選びに表れたスターの影響力

小川　あのＴＶドラマの衣装は毎回自分で選んでいましたが、それが売り切れになるぐらい反響が大きかったですね。

小田　衣装選びも自分でやることにこだわったのはなぜでしょうか。

小川　シーンによって「生きる衣装」と「生きない衣装」があるからです。私はいつも打ち合わせで「ここのシーンはバックの色は何？」と聞くんです。バラエティに出ても、背景の色を必ず聞きます。だってベージュの壁なのに自分がベージュを着ていたら全然映えないわけで、そういうことにはとてもこだわっています。自分でそこまでやっている人はたぶんいないと思いますけれど。

小田　着ている服が売り切れになるぐらい、役者というのは世の中への影響力があるということですね。

小川　影響力はあるし経済も活性化するし、スターがひとり出るということはものすごいことです。だからこそ自己管理が大事なのです。何かあると、周囲にかける迷惑も大きくなりますから。

俳優という仕事の魅力

小田　小川さんにとって、俳優という仕事の魅力はどのようなところにあるのでしょうか。

小川　さまざまな自分が発見できること。これが歌手とは全然違う、役者の最大の魅力です。役を演じるときの発想やイメージは、自分の中にあるものから出てきます。監督に「こうやってくれ」といくら言われても、最終的には自分の中の解釈でやるわけですね。それはつまり、自分の中のものを掘り起こしていく作業なのです。そうすると「え、私ってこんな面があるんだ」など、自分でも意外な発見がある。それがとても面白いです。

小田　それが俳優の醍醐味ということですね。

小川　もちろん、体験できないことを体験できるという醍醐味もありますよ。どんな経験や観察も無駄にならない職業、というのも魅力ですね。あとはやはり、皆さんに感動してもらえること。一生残るような感動を与えられるわけじゃないですか。「あのTVドラマを観てとても勇気を得た」とか、「あのとき病気だったけど、あの歌を聴いて立ち直った」とか、そういう感想を聞くと「ああ、出て良かった」と思えます。「この仕事、良い仕事だな」って。

スターとは期待に応える仕事

小田　時代に影響を与えるほどの俳優になるためには、どのようなことをしていけば良いですか。

小川　スターというのは「時の人」なので、やはり寿命はあると思います。時は流れていくので、本当に輝く時期は、普通はそんなには長く続きません。でも、私たちの仕事の要《かなめ》は、いかに期待に応えるかということ。だから、常に時代のニーズに応じていけるようになることですね。

そのためにはとにかく、さまざまなことを見たり聞いたりして、「感性」を磨いていくこと。特にこれからの時代は、経済人であっても「感性」がなければだめでしょうね。歌って踊れる政治家だって良いかもしれませんよ。

小田　「感性」を磨くためには、さまざまな物事に対する興味が必要ですね。

小川　もし自分でそういう部分が鈍いと思ったら、「感性」のある人と付き合って影響を受けること。人の力を借りましょう。役者には素直さも大切です。どうにでも、どんな色にもなれるように。私自身、「レインボーカラーの人間になりたい」と思っています。

今、私はこんなふうに話していますが、小さいときは口もきけない子どもでした。人前で歌うなんてとんでもなくて、すぐに泣いていましたから。たぶん私はそれが人生の宿題で、サービス精神を培うために、芸能界にポーンと入れられて鍛えられたのかもしれません。でも、そのレールに素直に乗っていくという身軽さはありました。

小田　最後に、学生たちに向けてメッセージをお願いします。

小川　とにかく元気はつらつで、恐いもの知らずで、どんどんぶつかっていくこと。最初はそれしかありません。これから学ぶ人には、すべて吸収してやろうという貪欲さと、自分の殻を破っていく気概をもってほしいですね。

こういう仕事は、まず自分の殻を破らないとできません。お芝居では、いつ「泣け」と言われるか分からないし、「その辺でキスしなさい」とか言われるわけです。男の人だったら、「そこで上半身裸になって歩け」なんて言われるかもしれない。格好をつけていたらできないのです。何でもできるようにしておかないといけないので、柔軟な精神をもち、さまざまな意味で、型を破ろうと思って頑張ってください。より具体的なお話はHSUの講義でしたいと思います。

小田　本日はまことにありがとうございました。

感動を与える演技論　まとめ

★俳優の使命

1．神仏の代役として：人々に美や潤い、愛、勇気、希望を届ける。

2．救国の英雄になる：文化的側面から世論を良い方向に導く。

3．時代を創造する：新しいトレンドや良き文化モデルを発信する。

★心構え

1．強い信念をもつ：天命を見出し明確な成功ビジョンを描く。

2．真剣勝負をする：プロとして演技の一瞬一瞬に魂を込める。

3．オーラを放つ：「幸福を届けたい」という強い気持ちをもつ。
4．個性を大事に：人との差別化を図る。時には度胸も大切に。
5．あきらめない：チャンスは巡ってくる。自己卑下せず、常にチャレンジ。

★演技力

1．基礎をつくる：芸に打ち込む。肉体鍛錬、人間観察力、教養など。
2．名優の演技に学ぶ：名優の演技を観察し、自分の演技に取り入れる。
3．作品を解釈する：作品のメッセージを理解する。自分の役割をつかむ。
4．役に生命を吹き込む：台詞に気持ちを込める。職業や方言のマスターも。
5．客観的な目をもつ：監督、観客、カメラなどの視点を忘れない。

あとがき

5年前にニュースター・プロダクション（NSP）株式会社を立ち上げました。NSPは、すでにスタートしていたスター養成スクールに通う子供たちの芸能活動をサポートするため、もっと言えば、社会に良い影響を与えるスターや映画作品を世に送り出すために活動しています。

現在、2016年春公開に向けて映画「天使に〝アイム・ファイン〟」の製作中ですが、前述したとおり主演を務める雲母《きらら》はスター養成スクールの出身、NSP所属の女優です。2013年には「ウルトラマンギンガ」シリーズで久野千草役を演じ、番外編「残された仲間」では主演を務めました。今回、大川隆法総裁製作総指揮による映画に主役として出られるのですから、彼女もこれほどの喜びはないでしょう。

映画「天使に〝アイム・ファイン〟」は、人生の途上で出合うさまざまな悩みを解消し、希望を投げ掛ける映画ですが、このように私たちは、世の中に良い影響を与える作品、勇気や希望を与える映画づくりを目指しています。そしてこの映画を皮切りに、毎年1本ずつ映画をつくっていきたいと考えています。

さらに、映画公開と同時期にスタートするHSU未来創造学部「芸能・クリエーター部門専攻コース」では、俳優・タレントのみならず、監督や演出家、脚本家など本格的に〝映画制作のプロ〟を育てます。学生たちにも参加してもらいながら、毎年素晴らしい映画を制作していきたいと思っているのです。実際に劇場公開される映画に関われるということは、学生たちにとって大きな希望とモチベーションになるであろうと思います。

実は映画「天使に〝アイム・ファイン〟」の撮影現場でも、音響スタッフとして専門学校の学生が参加していました。話を聞いてみると、学校の課題の一環とのことでした。プロのスタッフたちに叱られながら最後まで頑張り抜き、1カ月半の撮影期間の間に見違えるほど成長したその学生を見て、「やはり現場での学びは大きいものだな」と思いました。HSUの学生たちにも、授業で学んだことをアウトプットする機会を、映画制作という最も理想的な形で用意したいと思います。

世界をユートピアに一歩近づけるための映画制作に賛同してくださる方々は、HSUにどんどん集まってきてください。神仏の心を大切にするという同じ価値観をもつ人々で素晴らしい映画をつくり、世界に向けて発信していきたいと考えています。

未来に輝くスターたちが集うであろうHSU未来創造学部の芸能・クリエーター部門専攻コース。2016年4月にスタートしますが、今からワクワクしています。最後に、スターを目指す皆さんにピッタリのお祈りの抜粋をご紹介させていただきましょう。

主よ

私はもっと大いなる舞台が欲しいのです

わが人生を一大活劇となすために
さらに大いなる舞台が欲しいのです
これは単に
私利私欲のためだけに言っているのではありません
俳優が　より素晴らしい演技を
より多くの人に　見ていただきたいがごとく
私も　私の素晴らしい人生を
より多くの方に　見ていただきたいと思うのです
それゆえに　主よ
私のために　大いなる舞台をお与えください
より多くの人びとの心に
愛と喜びと感動を　呼び起こすことができるような
そうした俳優となれますように

私は　私の人生を歩んでゆきたいと思いますから
主よ　どうか
よりいっそう大きな舞台を　私にお与えください
私はきっと　世界一の名優となって
あなたの筋書きどおりの
あなたのシナリオどおりの
あなたの理想どおりの
ドラマを演じてみたいと思います

（『愛から祈りへ』207‐209ページ）

HSU未来創造学部「芸能・クリエーター部門専攻コース」を、エル・カンターレ信仰を根本にもち、神仏の光を宿した新時代のスターを多数輩出していく人材の宝庫にしたい。そしてスター誕生によって、世界の美しさが神仏の光で輝きを増し、光の芸術が地上に描かれていくところをこの目で見届けられたら、これほど嬉しいことはありません。

最後に、日々ご指導くださっている大川隆法総裁に心よりの感謝を捧げます。

2015年9月27日
幸福の科学専務理事（メディア文化事業局担当）兼
ニュースター・プロダクション株式会社代表取締役 兼
ハッピー・サイエンス・ユニバーシティ ビジティング・プロフェッサー

小田正鏡

文献一覧

【引用文献】


大川隆法．『愛から祈りへ』．幸福の科学出版．１９９７．

同右．『永遠の法』．幸福の科学出版．１９９７．

同右．『感動を与えるために』．幸福の科学．２００９．

同右．『希望の経済学入門』．幸福の科学出版．２０１４．

同右．『教育の使命』．幸福の科学出版．２０１３．

同右．『国を守る宗教の力』．幸福の科学出版．２０１２．

同右．『幸福の科学学園の目指すもの』．幸福の科学．２０１１．

同右．『幸福の原点』．幸福の科学出版．２００２．

同右．『幸福の原理』．幸福の科学出版．１９９０．

同右．『幸福への道標』．幸福の科学出版．２０００．

同右．『国際伝道を志す者たちへの外国語学習のヒント』．幸福の科学出版．２０１４．

同右．『師弟の道』．幸福の科学．２００９．

同右．『釈迦の本心』．幸福の科学出版．１９９７．

同右．『「釈迦の本心」講義』．幸福の科学．２００１．

同右．『信仰と愛』．幸福の科学出版．１９９９．

同右『女性らしさの成功社会学』幸福の科学出版．2014．

同右『常勝の法』幸福の科学出版．2002．

同右『常勝思考』幸福の科学出版．1995．

同右『生涯現役人生』幸福の科学出版．2012．

同右『人生の迷いに対処する法』幸福の科学出版．2015．

同右『「成功の心理学」講義』幸福の科学出版．2014．

同右『沈黙の仏陀』幸福の科学出版．1994．

同右『智慧の法』幸福の科学出版．2015．

同右『日本の夜明けに向けて』幸福実現党．2013．

同右『忍耐の法』幸福の科学出版．2014．

同右『繁栄の法』幸福の科学出版．1999．

同右『繁栄の法則』幸福の科学出版．2001．

同右『人を愛し、人を生かし、人を許せ。』幸福の科学出版．1997．

同右『プロフェッショナルとしての国際ビジネスマンの条件』幸福の科学出版．2013．

同右『無我なる愛』幸福の科学．1995．

同右『勇気への挑戦』幸福の科学．2009．

同右『Think Big!』幸福の科学出版．2012．

同右．『「イン・ザ・ヒーローの世界へ」俳優・唐沢寿明の守護霊トーク』．幸福の科学出版．２０１４．

同右．『景気をよくする人気女優 綾瀬はるかの成功術』．幸福の科学出版．２０１５．

同右．『堺雅人の守護霊が語る 誰も知らない「人気絶頂男の秘密」』．幸福の科学出版．２０１４．

同右．『時間よ、止まれ。』．幸福の科学出版．２０１５．

同右．『女優・北川景子 人気の秘密』．幸福の科学出版．２０１５．

同右．『「神秘の時」の刻み方』．幸福の科学出版．２０１４．

同右．『高倉健 男のケジメ』．幸福の科学出版．２０１４．

同右．『天才打者イチロー ４０００本ヒットの秘密』．幸福の科学出版．２０１３．

同右．『人間力の鍛え方』．幸福の科学出版．２０１４．

同右．『俳優・香川照之のプロの演技論 スピリチュアル・インタビュー』．幸福の科学出版．２０１５．

同右．『俳優・木村拓哉の守護霊トーク「俺が時代を創る理由」』．幸福の科学出版．２０１４．

同右．『魅せる技術』．幸福の科学出版．２０１４．

「アー・ユー・ハッピー?」．通巻98号：２０１２年８月号．感謝の心を維持する方法．幸福の科学出版．

「幸福の科学」．通巻２８２号：２０１０年８月号．『創造の法』講義③．幸福の科学．

「幸福の科学」．通巻３１８号：２０１３年８月号．『未来の法』講義④．幸福の科学．
（１）鈴木忠志．『演劇とは何か』．岩波書店．１９８８．38ページ．
（２）トルストイ．『人生・宗教・芸術』．白水社．１９６６．２１５‐２１６ページ．
（３）野地秩嘉．『高倉健インタヴューズ』．プレジデント社．２０１２．23ページ．

（4）「キネマ旬報増刊」．通巻2399号：2011年6月10日号．「パラダイス・キス」総力特集
北川景子インタビュー．キネマ旬報社．11ページ．
（5）「図書」．2003年9月号．大人の青春ドラマ（二）―『金曜日の妻たちへ』．岩波書店．44-45ページ．
（6）奈良橋陽子．『ハリウッドと日本をつなぐ』．文藝春秋．2014．156-157ページ．
（7）「ザ・リバティ」．通巻209号：2012年7月号．近未来予言映画「ファイナル・ジャッジメント」
が描く日本の危機 忍び寄る大国の脅威．幸福の科学出版．35ページ．
（8）産経新聞東京朝刊．2014年11月19日．高倉健さん死去 中国外務省「哀悼示す」．
（9）野地秩嘉．『高倉健インタヴューズ』．プレジデント社．2012．30-31ページ．
（10）香川照之．『市川中車』．講談社．2013．127-128ページ．
（11）スタニスラフスキー．『芸術におけるわが生涯（下）』．岩波書店．2008．264-265ページ．
（12）スタニスラフスキー．『芸術におけるわが生涯（上）』．岩波書店．2008．332ページ．
（13）堺雅人．『文・堺雅人』．文藝春秋．2013．68-70ページ．
（14）ステラ・アドラー．『魂の演技レッスン22』．フィルムアート社．2009．13ページ．
（15）ステラ・アドラー．『魂の演技レッスン22』．フィルムアート社．2009．30ページ．
（16）奈良橋陽子．『ハリウッドと日本をつなぐ』．文藝春秋．2014．24-25ページ．
（17）【写真集】深田恭子．『(un) touch』．講談社．2014．
（18）アートブック編．『木村拓哉語録』．コスミック出版．2007．23ページ．
（19）ベルトラン・メイエ＝スタブレ．『オードリー・ヘップバーン 妖精の秘密』．
風媒社．2003．173-174ページ．

(20)岡田准一.『オカダのはなし』.マガジンハウス.2014.125ページ,9ページ.
(21)【WEBサイト】ORICON STYLE.2010年11月30日.武井咲が〝月9〟初出演!三浦春馬と〝教師と生徒の禁断の恋愛〟相手に抜擢.オリコン.http://www.oricon.co.jp/news/82463/full/
(22)道端ジェシカ.『ジェシカの言葉 心の奥のもっと奥』.ポプラ社.2012.81ページ,63-64ページ.
(23)田原総一朗 編.『AKB48の戦略! 秋元康の仕事術』.アスコム.2013.144-145ページ.
(24)夏まゆみ.『エースと呼ばれる人は何をしているのか』.サンマーク出版.2014.61ページ.
(25)【WEBサイト】Smartザテレビジョン.2012年8月29日.新スターへ深田恭子からメッセージ!「夢をつかめ! あなたもディズニープリンセス」.KADOKAWA.http://thetv.jp/news_detail/32705/
(26)奈良橋陽子.『ハリウッドと日本をつなぐ』.文藝春秋.2014.81-82ページ.
(27)奈良橋陽子.『ハリウッドと日本をつなぐ』.文藝春秋.2014.136ページ.
(28)小川知子.『美しく燃えて』.学習研究社.1992.134ページ.
(29)【WEBサイト】ログミー.2015年9月19日取得.「リスクを取らない人生に価値はない」デンゼル・ワシントンが失敗だらけだった20代を語る.ログミー.http://logmi.jp/59994/
(30)奈良橋陽子.『ハリウッドと日本をつなぐ』.文藝春秋.2014.80-81ページ.
(31)「ACTRESS magazine muse vol.01」.2011年6月21日号.北川景子「パラダイス・キス」.オークラ出版.31ページ.
(32)石黒吉次郎.『世阿弥』.勉誠出版.2003.153-154ページ.
(33)石黒吉次郎.『世阿弥』.勉誠出版.2003.59ページ.
(34)B-ing 編集部 編.『プロ論。3』.徳間書店.2006.251ページ.

（35）【写真集】深田恭子．『(un) touch』．講談社．2014．
（36）ステラ・アドラー．『魂の演技レッスン22』．フィルムアート社．2009．18ページ．
（37）岡田准一．『オカダのはなし』．マガジンハウス．2014．13‐14ページ．
（38）野地秩嘉．『高倉健インタヴューズ』．プレジデント社．2012．95‐96ページ．
（39）三谷一夫．『俳優の演技訓練』．フィルムアート社．2013．16ページ．
（40）ブランドン・ハースト．『ナタリー・ポートマン』．ブルース・インターアクションズ．2009．8ページ．
（41）ウタ・ハーゲン．『「役を生きる」演技レッスン』．フィルムアート社．2010．50ページ．
（42）野地秩嘉．『高倉健インタヴューズ』．プレジデント社．2012．60‐61ページ．
（43）ステラ・アドラー．『魂の演技レッスン22』．フィルムアート社．2009．20‐21ページ．
（44）ステラ・アドラー．『魂の演技レッスン22』．フィルムアート社．2009．190ページ，202ページ．
（45）平田オリザ．『演技と演出』．講談社．2004．133‐134ページ．
（46）ジェイムズ・リプトン．『アクターズ・スタジオ・インタビュー』．早川書房．2010．473ページ．
（47）鴻上尚史．『演技と演出のレッスン』．白水社．2011．40‐41ページ．
（48）ウタ・ハーゲン．『「役を生きる」演技レッスン』．フィルムアート社．2010．45ページ．
（49）「キネマ旬報」．通巻2269号：2006年5月上旬号．渡辺謙ロング・インタビュー．キネマ旬報社．29ページ．
（50）野地秩嘉．『高倉健インタヴューズ』．プレジデント社．2012．23ページ．
（51）ステラ・アドラー．『魂の演技レッスン22』．フィルムアート社．2009．96ページ．
（52）「文藝春秋」．2014年1月号．綾瀬はるか 大河で知った「学びのこころ」．164ページ．
（53）「ACTRESS magazine muse vol.01」．2011年6月21日号．

綾瀬はるかのココがすごい．オークラ出版．18ページ．
(54) 香川照之．『日本魅録3』．キネマ旬報社．2011．262ページ．
(55)【写真集】菅野美穂．『定本 菅野美穂』．集英社．1998．
(56) 堺雅人．『文・堺雅人』．文藝春秋．2013．31・32ページ，30ページ．
(57) 野地秩嘉．『高倉健インタヴューズ』．プレジデント社．2012．58ページ．
(58)「AERA」．2011年12月12日号．声優で新境地・北川景子デビュー8年「俳優部」の私．朝日新聞出版．47ページ．
(59) 小川知子．『美しく燃えて』．学習研究社．1992．140ページ．
(60) ウタ・ハーゲン．『「役を生きる」演技レッスン』．フィルムアート社．2010．198ページ．
(61) マガジンハウス 編．『武井咲 MAGAZINE』．マガジンハウス．2012．67ページ．
(62) マガジンハウス 編．『武井咲 MAGAZINE』．マガジンハウス．2012．60ページ．

【参考文献】

アーステディ with マイケル．『マイケル・ジャクソンの言葉』．扶桑社．2015．

ウォード・カルフーン，ベンジャミン・デウォルト．『Marilyn Monroe』．マガジンランド．2012．

藝能史研究會 編．『日本の古典芸能 第一巻 神楽』．平凡社．1986．

小林道憲．『芸術学事始め―宇宙を招くもの』．中央公論新社．2015．

コンスタンチン・スタニスラフスキー．『俳優の仕事―俳優教育システム 第一部』．未來社．2008．

コンスタンチン・スタニスラフスキー．『俳優の仕事―俳優教育システム 第二部』．未來社．２００８．

コンスタンチン・スタニスラフスキー．『俳優の仕事―俳優教育システム 第三部』．未來社．２００９．

サンフォード・マイズナー，デニス・ロングウェル．『サンフォード・マイズナー・オン・アクティング』．而立書房．１９９２．

世阿弥．『風姿花伝』．岩波書店．１９５８．

世阿弥．『風姿花伝・花鏡』．たちばな出版．２０１２．

西東社編集部 編．『必ず出会える！ 人生を変える言葉２０００』．西東社．２０１５．

増田正造．『能の表現』．中央公論社．１９７１．

ロバート・H・ヘスマン 編．『リー・ストラスバーグとアクターズ・スタジオの俳優たち』．劇書房．２００２．

ESSENTIAL WORKS．『マドンナ 真実の言葉』．ディスカヴァー・トゥエンティワン．２００６．

Ryan Holiday．『THE OBSTACLE IS THE WAY』．PENGUIN．２０１４．

栖岡求美．演劇における感情の伝達をめぐって スタニスラフスキー・システム形成過程についての一考察．「国際文化学研究 神戸大学国際文化学部紀要」．vol.35．２０１０．


〈TV番組〉

NHK プロフェッショナル 仕事の流儀．２０１５年５月25日．渡辺謙55歳、人生最大の挑戦．NHK．

ムービープラス．２０１５年２月．この映画が見たい＃18「三木孝浩のオールタイム・ベスト」．ジュピターエンタテインメント．

外郎売《ういろううり》

拙者親方《せっしゃおやかた》と申《もう》すは、御立会《おたちあい》の中《うち》に、御存《ごぞん》じのお方《かた》もござりましょうが、お江戸《えど》を立《た》って二十里《にじゅうり》上方《かみがた》、相州《そうしゅう》小田原《おだわら》一色町《いっしきまち》をお過《す》ぎなされて、青物町《あおものちょう》を登《のぼ》りへおいでなさるれば、欄干橋《らんかんばし》虎屋《とらや》藤右衛門《とうえもん》、只今《ただいま》は剃髪致《ていはついた》して、円斉《えんさい》と名《な》のりまする。元《がん》朝《ちょう》より大晦日《おおつごもり》まで、お手《て》に入《い》れまする此《こ》の薬《くすり》は、昔《むかし》ちんの国《くに》の唐人《とうじん》、外郎《ういろう》という人《ひと》、わが朝《ちょう》へ来《きた》り、帝《みかど》へ参内《さんだい》の折《おり》から、此《こ》の薬《くすり》を深《ふか》く籠《こ》め置《お》き、用《もち》ゆる時《とき》は一粒《いちりゅう》ずつ、冠《かんむり》のすき間《ま》より取《と》り出《いだ》す。依《よ》ってその名《な》を帝《みかど》より、「透頂香《とうちんこう》」と賜《たまわ》る。即《すなわ》ち文字《もんじ》には、「頂《いただ》き、透《す》く、香《にお》い」と書《か》いて「とうちんこう」と申《もう》す。只今《ただいま》は此《こ》の薬《くすり》、殊《こと》の外《ほか》世上《せじょう》に弘《ひろ》まり、ほうぼうに偽看板《にせかんばん》を出《いだ》し、イヤ小田原《おだわら》の、灰俵《はいだわら》の、さん俵《だわら》の、炭俵《すみだわら》のと色々《いろいろ》に申《もう》せども、平仮名《ひらがな》をもって「ういろう」と記《しる》せしは親方円斉《おやかたえんさい》ばかり、もしやお立合《たちあい》の内《うち》に、熱海《あたみ》か塔《とう》ノ《の》沢《さわ》へ湯治《とうじ》にお出《い》でなさるるか、又《また》は伊勢御参宮《いせごさんぐう》の折《おり》からは、必《かなら》ず門違《かどちが》いなされまするな。お登《のぼ》りならば右《みぎ》の方《かた》、お下《くだ》りなれば左《ひだり》側《がわ》、八方《はっぽう》が八《や》つ棟《むね》、おもてが三《み》つ棟玉堂造《むねぎょくどうづく》り、破風《はふ》には菊《きく》に桐《きり》のとうの御紋《ごもん》を御《ご》赦免《しゃめん》あって、系図《けいず》正《ただ》しき薬《くすり》でござる。

イヤ最前《さいぜん》より家名《かめい》の自慢《じまん》ばかり申《もう》しても、御存《ごぞん》じない方《かた》には、正身《しょうしん》の胡椒《こしょう》の丸《まる》呑《のみ》、白河夜船《しらかわよふね》、さらば一粒《いちりゅう》食《た》べかけて、その気味合《きみあい》をお目《め》にかけましょう。先《ま》ず此《こ》の薬《くすり》をかように一粒舌《いちりゅうした》の上《うえ》にのせまして、腹内《ふくない》へ納《おさ》めますると、イヤどうも云《い》えぬは、胃《い》、心《しん》、肺《はい》、肝《かん》がすこやかになりて、薫風咽《くんぷうのんど》より来《きた》り、口中微涼《こうちゅうびりょう》を生《しょう》ずるが如《ごと》し。魚鳥《ぎょちょう》、茸《きのこ》、麺類《めんるい》の食合《くいあわ》せ、其《そ》の他《ほか》、万病速効《まんびょうそっこう》あること神《かみ》の如《ごと》し。さて、この薬《くすり》、第一《だいいち》の奇妙《きみょう》には、舌《した》のまわることが、銭独楽《ぜにごま》がはだしで逃《に》げる。ひょっと舌《した》がまわり出《だ》すと、矢《や》も楯《たて》もたまらぬじゃ。

そりゃそりゃ、そらそりゃ、まわってきたわ、まわってくるわ。アワヤ咽《のんど》、サタラナ舌《した》に、カ牙《げ》サ歯音《しおん》、ハマの二《ふた》つは唇《くちびる》の軽重《けいちょう》、開合《かいごう》さわやかに、アカサタナハマヤラワ、オコソトノホモヨロヲ。一《ひと》つへぎへぎに、へぎほしはじかみ。盆《ぼん》まめ、盆米《ぼんごめ》、盆《ぼん》ごぼう。摘蓼《つみたで》、摘豆《つみまめ》、摘山椒《つみさんしょう》、書写山《しょしゃざん》の社僧正《しゃそうじょう》。粉米《こごめ》のなまがみ、粉米《こごめ》のなまがみ、こん粉米《こごめ》のこなまがみ。繻子《しゅす》、ひじゅす、繻子《しゅす》、繻珍《しゅちん》。親《おや》も嘉兵衛《かへい》、子《こ》も嘉兵衛《かへい》、親《おや》かへい子《こ》かへい、子《こ》かへい親《おや》かへい。ふる栗《くり》の木《き》の古切口《ふるきりくち》。雨合羽《あまがっぱ》か、番合羽《ばんかっぱ》か、貴様《きさま》のきゃはんも皮脚絆《かわぎゃはん》、我等《われら》がきゃはんも皮脚絆《かわぎゃはん》。しっかわ袴《ばかま》のしっぽころびを、三針《みはり》はりなかにちょと縫《ぬ》うて、ぬうてちょとぶんだせ、かわら撫子《なでしこ》、野石竹《のぜきちく》。のら如来《にょらい》、のら如来《にょらい》、三《み》のら如来《にょらい》に六《む》のら如来《にょらい》。一寸先《ちょっとさき》のお小《こ》仏《ほとけ》に、おけつまずきゃるな、細溝《ほそどぶ》にどじょにょろり。京《きょう》の生鱈《なまだら》奈良《なら》なま学鰹《まながつお》、ちょと四五貫目《しごかんめ》。お茶立《ちゃだ》ちょ、茶立《ちゃだ》ちょ、ちゃっと立《た》ちょ茶立《ちゃだ》ちょ、青竹茶筅《あおたけちゃせん》で、お茶《ちゃ》ちゃっと立《た》ちゃ。

　来《く》るわ来《く》るわ何《なに》が来《く》る、高野《こうや》の山《やま》のおこけら小僧《こぞう》、狸百匹箸百膳《たぬきひゃっぴきはしひゃくぜん》、天目百杯《てんもくひゃっぱい》、棒八百本《ぼうはっぴゃっほん》。武具《ぶぐ》、馬具《ばぐ》、ぶぐ、ばぐ、三《み》ぶぐばぐ、合《あわ》せて武具《ぶぐ》、馬具《ばぐ》、六《む》ぶぐばぐ。菊《きく》、栗《くり》、きく、くり、三菊栗《みきくくり》、合《あわ》せて菊《きく》、栗《くり》、六菊栗《むきくくり》。麦《むぎ》、ごみ、むぎ、ごみ、三《み》むぎごみ、合《あわ》せてむぎ、ごみ、六《む》むぎごみ。あの長押《なげし》の長薙刀《ながなぎなた》は、誰《た》が長《なが》薙刀《なぎなた》ぞ。向《むこ》うの胡麻《ごま》がらは、荏《え》のごまがらか、真《ま》ごまがらか、あれこそほんの真《ま》胡麻殻《ごまがら》。がらぴい、がらぴい風車《かざぐるま》、おきゃがれこぼし、おきゃがれ小法師《こぼし》、ゆんべもこぼして、又《また》こぼした。たあぷぽぽ、たあぷぽぽ、ちりから、ちりから、つったっぽ。たっぽたっぽ一丁《いっちょう》だこ、落《お》ちたら煮《に》て食《く》お、煮《に》ても焼《や》いても食《く》われぬものは、五徳《ごとく》、鉄《てつ》きゅう、かな熊童子《くまどうじ》に、石熊《いしくま》、石持《いしもち》、虎熊《とらくま》、虎《とら》きす、中《なか》にも東寺《とうじ》の羅生門《らしょうもん》には、茨木童子《いばらぎどうじ》がうで栗五合《ぐりごんごう》つかんでおむしゃる、かの頼光《らいこう》のひざもと去《さ》らず。鮒《ふな》、きんかん、椎茸《しいたけ》、定《さだ》めてごだんな、そば切《き》り、そうめん、うどんか、愚鈍《ぐどん》な小新発知《こしんぼち》。小棚《こだな》の、小下《こした》の、小桶《こおけ》に、こ味噌《みそ》が、こ有《あ》るぞ、小杓子《こしゃくし》、こ持《も》って、こすくって、こよこせ、おっと合点《がてん》だ、心得《こころえ》たんぼの川崎《かわさき》、神奈川《かながわ》、保土ヶ《ほどが》谷《や》、戸塚《とつか》は、走《はし》って行《い》けば、やいとを摺《す》りむく、三里《さんり》ばかりか、藤沢《ふじさわ》、平塚《ひらつか》、大《おお》磯《いそ》がしや、小磯《こいそ》の宿《しゅく》を七《なな》つ起《お》きして、早天早々《そうてんそうそう》、相州小田原《そうしゅうおだわら》とうちん香《こう》、隠《かく》れござらぬ貴賤群衆《きせんぐんじゅ》の花《はな》のお江戸《えど》の花《はな》ういろう、あれ、あの花《はな》を見《み》てお心《こころ》をおやわらぎやという、産子《うぶこ》、這子《はうこ》に至《いた》るまで、この外郎《ういろう》の御評判《ごひょうばん》、御存《ごぞん》じないとは申《もう》されまいまいつぶり、角出《つのだ》せ、棒出《ぼうだ》せ、ぼうぼうまゆに、臼《うす》、杵《きね》、すりばち、ばちばちぐわらぐわらと、羽目《はめ》を弛《はず》して今日《こんにち》お出《いで》のいずれも様《さま》に、上《あ》げねばならぬ、売《う》らねばならぬと、息《いき》せい引《ひ》っぱり、東方世界《とうほうせかい》の薬《くすり》の元〆《もとじめ》、薬師如来《やくしにょらい》も照覧《しょうらん》あれと、ホホ敬《うやま》って、ういろうは、いらっしゃりませぬか。

著者＝ 小田正鏡（おだ・しょうきょう）

1951年生まれ。富山県出身。日本大学芸術学部映画学科を卒業。文学座附属演劇研究所で3年間俳優修行に励む。TV番組「ベストヒットUSA」のディレクターを経て映像制作会社を設立し、THE ALFEE、光GENJI、中山美穂、尾崎亜美、近藤真彦、LOUDNESSなど数多くのアーティストのプロモーションビデオやライブビデオを制作。1990年より幸福の科学に奉職し、90年代前半の東京ドームにおける幸福の科学の二大祭典「御生誕祭」「エル・カンターレ祭」では総合演出を担当。映画「ノストラダムス戦慄の啓示」（1994年公開）をはじめ、幸福の科学グループの映画7作の総合プロデューサーを務める。また、2008年よりスタートしたスター養成スクールを担当。2011年には芸能プロダクションとしてニュースター・プロダクション株式会社を設立、2016年春には総合プロデューサーを務める映画「天使に“アイム・ファイン”」が公開予定。さらに、2016年4月よりスタートするHSU未来創造学部「芸能・クリエーター部門専攻コース」では、講義を担当する予定となっている。現在、幸福の科学専務理事（メディア文化事業局担当）兼 ニュースター・プロダクション株式会社代表取締役 兼 ハッピー・サイエンス・ユニバーシティ ビジティング・プロフェッサー。

感動を与える演技論

心を揺さぶる感性の探究

2015年10月29日　初版第1刷

著者　小田　正鏡

発行　HSU出版会
〒299-4325 千葉県長生郡長生村一松丙4427-1
TEL（0475）32-7807

発売　幸福の科学出版株式会社
〒107-0052　東京都港区赤坂2丁目10番14号
TEL（03）5573-7700
http://www.irhpress.co.jp/

印刷・製本　株式会社　サンニチ印刷

落丁・乱丁本はおとりかえいたします

ISBN 978-4-86395-724-4　C 0070

大川隆法「公開霊言」 女優シリーズ

景気をよくする人気女優

綾瀬はるかの成功術

自然体で癒される。なのに、実は、頼られる――。綾瀬はるかの「天然」の奥にある秘密を、スピリチュアル・インタビュー。人気を引き寄せる魔法が明らかに。

1,400円

1,400円

女優・北川景子 人気の秘密

「知的オーラ」「一日9食でも太らない」など、美人女優・北川景子の秘密に迫る。そのスピリチュアルな人生観も明らかに。過去世は、日本が誇る絶世の美女!?

ローラの秘密

ハリウッドデビューも決定！　多くの人に愛されるローラの素顔に迫る一冊。天然キャラに隠されたローラの魅力や、キラキラオーラの秘密を大公開。

1,400円

※表示価格は本体価格（税別）です。

大川隆法「公開霊言」 女優シリーズ

時間よ、止まれ。

女優・武井咲とその時代

国民的美少女から超人気女優に急成長する武井咲を徹底分析。多くの人に愛される秘訣と女優としての可能性を探る。前世はあの世界的大女優!?

1,400円

「神秘の時」の刻み方

女優・深田恭子 守護霊インタビュー

人気女優・深田恭子の神秘的な美しさには、どんな秘密が隠されているのか？ 彼女の演技観、結婚観から魂のルーツまで、守護霊が語り明かす。

1,400円

魅せる技術

女優・菅野美穂 守護霊メッセージ

どんな役も変幻自在に演じる演技派女優・菅野美穂。演技力に隠された努力、感性、霊的パワーや、堺雅人との結婚秘話など、その知られざる素顔が明かされる。

1,400円

幸福の科学出版

大川隆法「公開霊言」 俳優シリーズ

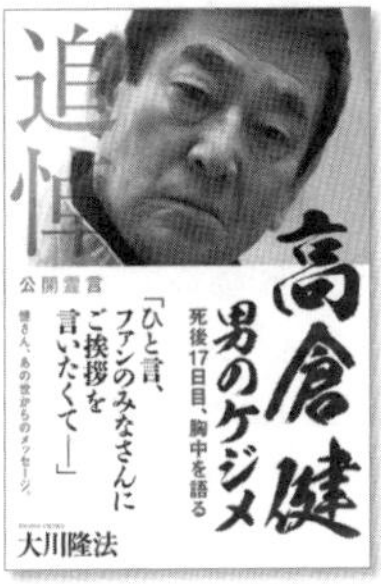

高倉健 男のケジメ

死後17日目、胸中を語る

ファンや関係者のために、言い残したことを伝えに帰ってきた――。日本が世界に誇る名優・高倉健が、「あの世」からケジメのメッセージ。

1,400円

「イン・ザ・ヒーローの世界へ」

—俳優・唐沢寿明の守護霊トーク—

実力派人気俳優・唐沢寿明は、売れない時代をどう乗り越え、成功をつかんだのか。下積みや裏方で頑張る人に勇気を与える"唐沢流"人生論。

1,400円

堺雅人の守護霊が語る 誰も知らない「人気絶頂男の秘密」

個性的な脇役から空前の大ヒットドラマの主役への躍進。多様な役を演じ分けるカメレオン俳優・堺雅人の素顔に迫る110分間の守護霊インタビュー!

1,400円

幸福の科学出版

大川隆法総裁製作総指揮 映画作品

幸福の科学の映画は、DVDやBlu-rayでもお楽しみいただけます。
幸福の科学出版公式サイトやAmazonなどでお買い求めください。
一部のビデオレンタルショップでのレンタルも可能です。

5,122円(税込)

☆6,151円(税込)

「神秘の法」(2012)

2013年ヒューストン国際映画祭では、劇場用長編部門の最高賞であるスペシャル・ジュリー・アワード(REMI SPECIAL JURY AWARD)を受賞。日本の長編アニメーション映画として初の受賞となった。近未来予言映画第2弾。

「ファイナル・ジャッジメント」(2012)

近未来予言映画第1弾。平和国家ニッポンが、ある日突然、他国の軍隊によって蹂躙され、独立とすべての自由を奪われた——。これは「あり得ない現実」と、あなたは言いきれるか!?　国防の危機の先にある近未来の姿とは。

5,122円(税込)

☆6,151円(税込)

5,122円(税込)

☆6,151円(税込)

「仏陀再誕」(2010)

WHO IS BUDDHA?　ある事件をきっかけに、「霊」が視えるようになった女子高生の天河小夜子。次つぎと起こる不可解な事件のなかで、小夜子は、仏陀が現代日本に再誕していることを知るのだが——。

☆はBlu-rayです

「永遠の法」(2006)

5,122円(税込)

「黄金の法」(2003)

5,122円(税込)

「太陽の法」(2000)

5,143円(税込)

この地球《ほし》は、
宇宙に必要か？
あなたを待ち受ける、
衝撃の〝宇宙体験〟
ベガ、プレアデス、
ダークサイド・ムーン――
ついに、地球人《あなた》は「宇宙人の秘密」を目撃する！
大川隆法 製作総指揮
長編アニメーション映画
UFO学園の秘密
The Laws of The Universe Part 0
製作総指揮・原案／大川隆法
監督／今掛勇　脚本／「UFO 学園の秘密」シナリオプロジェクト　音楽／水澤有一
総合プロデューサー／本地川瑞祥 松本弘司
総作画監督・キャラクターデザイン／今掛 勇　キャラクターデザイン／佐藤 陵　須田正己　美術監督／渋谷幸弘
VFX クリエイティブディレクター／栗屋友美子
キャスト／逢坂良太　瀬戸麻沙美　柿原徹也　金元寿子　羽多野渉
銀河万丈　仲野裕　千菅春香　藤原貴弘　白熊寛嗣　二又一成　伊藤美紀　浪川大輔
アニメーション制作／ HS PICTURES STUDIO　幸福の科学出版作品
©2015 IRH Press　配給／日活　配給協力／東京テアトル
UFO学園　検索
NIKKATSU
10月10日、全国一斉ロードショー！

WELCOME TO HAPPY SCIENCE!
幸福の科学グループ紹介

「一人ひとりを幸福にし、世界を明るく照らしたい」──。その理想を目指し、
幸福の科学グループは宗教を根本《こんぽん》にしながら、幅広い分野で活動を続けています。

宗教活動

幸福の科学【happy-science.jp】
- 支部活動【map.happy-science.jp（支部・精舎へのアクセス）】
- 精舎（研修施設）での研修・祈願【shoja-irh.jp】
- 学生局【03-5457-1773】
- 青年局【03-3535-3310】
- 百歳まで生きる会（シニア層対象）
- シニア・プラン21（生涯現役人生の実現）【03-6384-0778】
- 幸福結婚相談所【happy-science.jp/activity/group/happy-wedding】
- 来世幸福園（霊園）【raise-nasu.kofuku-no-kagaku.or.jp】

来世幸福セレモニー株式会社【03-6311-7286】

株式会社 Earth Innovation【earthinnovation.jp】

社会貢献

ヘレンの会（障害者の活動支援）【www.helen-hs.net】

自殺防止運動【www.withyou-hs.net】

支援活動
- 一般財団法人
「いじめから子供を守ろうネットワーク」【03-5719-2170】
- 犯罪更生者支援

国際事業

Happy Science 海外法人
【happy-science.org（英語版）】【hans.happy-science.org（中国語簡体字版）】

教育事業

学校法人 幸福の科学学園
- 中学校・高等学校（那須本校）【happy-science.ac.jp】
- 関西中学校・高等学校（関西校）【kansai.happy-science.ac.jp】

宗教教育機関
- 仏法真理塾「サクセスNo.1」（信仰教育と学業修行）【03-5750-0747】
- エンゼルプランV（未就学児信仰教育）【03-5750-0757】
- ネバー・マインド（不登校児支援）【hs-nevermind.org】
  - ユー・アー・エンゼル！運動（障害児支援）【you-are-angel.org】

高等宗教研究機関
- ハッピー・サイエンス・ユニバーシティ（HSU）

政治活動

- 幸福実現党【hr-party.jp】
  - <機関紙>「幸福実現NEWS」
  - <出版> 書籍・DVDなどの発刊
- HS 政経塾【hs-seikei.happy-science.jp】

出版 メディア 関連事業

- 幸福の科学の内部向け経典の発刊
- 幸福の科学の月刊小冊子【info.happy-science.jp/magazine】
- 幸福の科学出版株式会社【irhpress.co.jp】
  - 書籍・CD・DVD・BD などの発刊
  - <映画>「UFO 学園の秘密」ほか8作
  - <オピニオン誌>「ザ・リバティ」【the-liberty.com】
  - <女性誌>「アー・ユー・ハッピー?」【are-you-happy.com】
  - <書店> ブックスフューチャー【booksfuture.com】
  - <広告代理店> 株式会社メディア・フューチャー
- メディア文化事業
  - <ネット番組>「THE FACT」【youtube.com/user/theFACTtvChannel】
  - <ラジオ>「天使のモーニングコール」【tenshi-call.com】
- スター養成部（芸能人材の育成）【03-5793-1773】

入会のご案内

幸福の科学では、大川隆法総裁が説く仏法真理《ぶっぽうしんり》をもとに、「どうすれば幸福になれるのか、また、他の人を幸福にできるのか」を学び、実践しています。

入会

仏法真理を学んでみたい方へ

大川隆法総裁の教えを信じ、学ぼうとする方なら、どなたでも入会できます。入会された方には、『入会版「正心法語」』が授与されます。

三帰《さんき》誓願《せいがん》

信仰をさらに深めたい方へ

仏弟子としてさらに信仰を深めたい方は、仏《ぶっ》・法《ぼう》・僧《そう》の三宝《さんぼう》への帰依を誓う「三帰誓願式」を受けることができます。三帰誓願者には、『仏説・正心法《しょうしんほう》語《ご》』『祈《き》願文《がんもん》①』『祈願文②』『エル・カンターレへの祈り』が授与されます。

INFORMATION
幸福の科学 サービスセンター
TEL 03-5793-1727 (受付時間/火〜金:10〜20時 土・日祝:10〜18時)
幸福の科学 公式サイト happy-science.jp

学部のご案内

人間幸福学部

人間学を学び、新時代を切り拓くリーダーとなる

人間の本質と真実の幸福について深く探究し、
高い語学力や国際教養を身につけ、人類の幸福に貢献する
新時代のリーダーを目指します。

経営成功学部

企業や国家の繁栄を実現する、起業家精神あふれる人材となる

企業と社会を繁栄に導くビジネスリーダー・真理経営者や、
国家と世界の発展に貢献する
起業家精神あふれる人材を輩出します。

未来産業学部

新文明の源流を創造するチャレンジャーとなる

未来産業の基礎となる理系科目を幅広く修得し、
新たな産業を起こす創造力と起業家精神を磨き、
未来文明の源流を開拓します。

未来創造学部

2016年4月
開設予定

時代を変え、未来を創る主役となる

政治家やジャーナリスト、ライター、俳優・タレントなどのスター、
映画監督・脚本家などのクリエーターを目指し、国家や世界の発展、
幸福化に貢献できるマクロ的影響力を持った徳ある人材を育てます。

キャンパスは東京がメインとなり、2年制の短期特進課程も新設します
（4年制の1年次は千葉です）。2017年3月までは、赤坂「ユートピア
活動推進館」、2017年4月より東京都江東区（東西線東陽町駅近く）
の新校舎「HSU未来創造・東京キャンパス」がキャンパスとなります。

←詳細は次ページへ

未来創造学部とは

未来創造学部は、多くの人々を幸福にする政治・文化(芸能)の
新しいモデルを探究し、マクロ的影響力を持つ徳ある人材を
養成し、新文明の礎となる文化大国・輝く未来社会を
創造することを使命としています。
「政治・ジャーナリズム専攻コース」と
「芸能・クリエーター部門専攻コース」の2コースを開設します。

芸能・クリエーター部門専攻コース

俳優、タレント、映画監督(実写・アニメーション)、脚本家などを目指す方のためのコースです。演技や制作の理論・歴史、作品研究等を学び、映像制作、脚本執筆、演技実習などを行い、新時代の表現者を目指します(本コースは、さらに「芸能専攻」と「クリエーター部門専攻」に分かれます)。

政治・ジャーナリズム専攻コースとの相互履修制度や共通科目によって、政治や社会への理解と見識を深められると共に、政治家への転身を視野に入れた学びも可能です。

政治・ジャーナリズム専攻コース

将来政治家や政治に関する職業、ジャーナリスト、ライター、キャスターなどを目指す方のためのコースです。政治学、ジャーナリズム研究、法律学、経済学等を学び、政策をわかりやすく解説して、啓蒙できる人材の輩出を目指します。

芸能・クリエーター部門専攻コースとの相互履修制度や共通科目によって、文化的教養や、人の心をつかむためのＰＲ力、表現力を高める学びが可能です。

―― 短期特進課程について ――

未来創造学部では、通常の４年制に加え、主に現役活動中の方や
社会人向けなどの２年制の短期特進課程を開設します。

2016年度は、「芸能専攻」のみ短期特進課程をスタートし、
翌2017年に、「クリエーター部門専攻」「政治・ジャーナリズム専攻」
の短期特進課程をスタートします。

未来創造学部のキャンパス構成

・４年制の場合
英語・教養科目が中心の１年次は長生キャンパスで授業を行い、２年次以降は東京キャンパス※で授業を行う予定です。

・２年制の短期特進課程の場合
１年次・２年次ともに東京キャンパス※で授業を行う予定です。

(※)東京キャンパスについて

赤坂・ユートピア活動推進館
2017年3月までは、赤坂・ユートピア活動推進館がキャンパスになります。

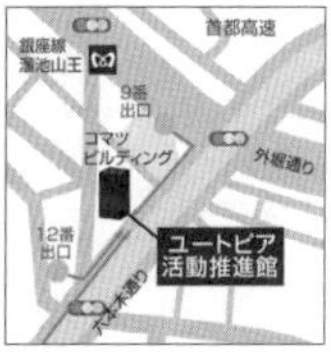

〒107-0052 東京都港区赤坂2-10-8

HSU未来創造・東京キャンパス
2017年4月より東京都江東区(東西線東陽町駅近く)の新校舎がキャンパスになります。

入会のご案内

あなたも、幸福の科学に集い、ほんとうの幸福を見つけてみませんか？

幸福の科学では、大川隆法総裁が説く仏法真理をもとに、
「どうすれば幸福になれるのか、また、
他の人を幸福にできるのか」を学び、実践しています。

入会

大川隆法総裁の教えを信じ、学ぼうとする方なら、どなたでも入会できます。入会された方には、『入会版「正心法語」』が授与されます。（入会の奉納は1,000円目安です）

ネットでも**入会**できます。詳しくは、下記URLへ。
happy-science.jp/joinus

三帰《さんき》誓願《せいがん》

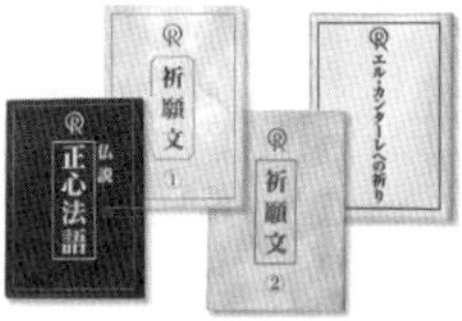

仏弟子としてさらに信仰を深めたい方は、仏・法・僧の三宝への帰依を誓う「三帰誓願式」を受けることができます。三帰誓願者には、『仏説・正心法語』『祈願文①』『祈願文②』『エル・カンターレへの祈り』が授与されます。

植福《しょくふく》の会

植福は、ユートピア建設のために、自分の富を差し出す尊い布施の行為です。布施の機会として、毎月1口1,000円からお申込みいただける、「植福の会」がございます。

「植福の会」に参加された方のうちご希望の方には、幸福の科学の小冊子（毎月1回）をお送りいたします。詳しくは、下記の電話番号までお問い合わせください。

月刊「幸福の科学」

ザ・伝道

ヤング・ブッダ

ヘルメス・エンゼルズ

INFORMATION | **幸福の科学サービスセンター**
TEL. 03-5793-1727（受付時間 火〜金：10〜20時／土・日・祝日：10〜18時）
幸福の科学 公式サイト **happy-science.jp**